交通运输职业系列丛书

城市轨道交通信号工

Signalman of Urban Rail Transit

交通运输部职业资格中心 编著

人民交通出版社股份有限公司

北京

内容提要

本书主要聚焦我国城市轨道交通信号工职业的产生、演变和发展以及对我国经济社会发展的贡献，介绍了城市轨道交通信号工的职业历史、职业使命、职业素养、职业价值和职业展望等方面的知识。

本书不仅可作为社会人员了解城市轨道交通信号工这一职业的读物，也可作为城市轨道交通信号工职业研究者的参考资料，亦可作为城市轨道交通信号工职业培训和继续教育用书。

图书在版编目(CIP)数据

城市轨道交通信号工/交通运输部职业资格中心编著. —北京：人民交通出版社股份有限公司，2022.12
（交通运输职业系列丛书）
ISBN 978-7-114-16906-9

Ⅰ.①城… Ⅱ.①交… Ⅲ.①城市铁路—铁路信号—信号系统—技术培训—教材 Ⅳ.①U239.5

中国版本图书馆 CIP 数据核字(2020)第 203410 号

交通运输职业系列丛书
书　　名：城市轨道交通信号工
著　作　者：交通运输部职业资格中心
责任编辑：姚　旭
责任校对：孙国靖　宋佳时
责任印制：刘高彤
出版发行：人民交通出版社股份有限公司
地　　址：(100011)北京市朝阳区安定门外外馆斜街 3 号
网　　址：http://www.ccpcl.com.cn
销售电话：(010)59757973
总　经　销：人民交通出版社股份有限公司发行部
经　　销：各地新华书店
印　　刷：北京印匠彩色印刷有限公司
开　　本：720×960　1/16
印　　张：11.75
字　　数：180 千
版　　次：2022 年 12 月　第 1 版
印　　次：2022 年 12 月　第 1 次印刷
书　　号：ISBN 978-7-114-16906-9
定　　价：48.00 元

(有印刷、装订质量问题的图书，由本公司负责调换)

交通运输职业系列丛书
编审委员会

主　任：申少君
副主任：李好明　　刘　鹏　　陈孝平
委　员：何朝平　　沈冬柏　　王福恒　　张　萍　　郝鹏玮
　　　　张　巍　　张文玉　　刘　欣　　雷小芳

本书编写成员

主　编：莫振栋　　李好明
副主编：黄　斌　　杨武东　　蒋建华
参　编：郝鹏玮　　凌宏海　　潘庆球　　甘俊杰　　张　巍
　　　　卫婧茹

前 言
PREFACE

职业是为了实现社会分工,为劳动者创造社会财富,从而获取主要生活来源而划分的工作类别。一个行业的职业发展状况,反映了这个行业的发展水平,尤其是这个行业应用科学技术的水平。无论是一个企业的生产组织,还是一个行业的管理方式,都要遵循这个行业的职业发展规律。无论是一个企业的人力资源开发,还是一个行业的职业教育培训、从业人员管理等,都要遵从职业发展内在要求。为了帮助交通运输行业从业人员全面、深入、系统地认识交通运输职业,进一步学习掌握有关职业知识,强化职业意识,提高职业能力和职业道德水平,同时为帮助社会大众全面了解交通运输职业,为大家正确选择适合自身特点和兴趣的职业提供参考,交通运输部职业资格中心会同有关单位和专家在对交通运输职业进行深入研究的基础上,从2017年起陆续编著了交通运输职业系列丛书。

城市轨道交通自诞生至今已有150多年的历史。随着经济社会快速发展,世界各国都将发展安全、高效、绿色、智能的新型轨道交通作为公共交通发展的主导方向。城市轨道交通信号工是城市轨道交通信号设备维护生产一线的从业人员,是安全行车的保卫者、行车效率的保障者、社会责任的担当者,其专业知识与职业能力直接关系到城市轨道列车运行的安全与效率,其工作成果更是为人民大众生命财产安全、地铁高效运营提供有力支撑与保障。本书围绕城市轨道交通信号工这一关系公共安全和人民生命财产安全、对轨道交通运输安全发展极为重要的职业,介绍了这一职业的职业历史、职业使命、职业素养、职业价值,从新技术的发展与应用展望了城市轨道交通信号工这一职业未来可能发生的变化。本书还辑录了国内地铁生产中的一些典型案例,希望为读者尽可能全方位呈现城市轨道交通信号工这一职业的方方面面。

丛书可以较为全面、深入、系统地帮助有意向从事这一职业的人员认识城市轨道交通信号工这一职业,为相关人员学习掌握城市轨道交通信号工职业知识、强化职业意识、提高职业能力和职业道德水平提供帮助与参考。

本书在编写过程中得到了西南交通大学、柳州铁道职业技术学院、北京交通运输职业学院、武汉铁路职业技术学院、广东交通职业技术学院,北京地铁运营有限公司、北京京港地铁有限公司、上海地铁维护保障有限公司、青岛地铁集团有限公司、西安市轨道交通集团有限公司、广州地铁集团有限公司、深圳市地铁集团有限公司、重庆市轨道交通集团有限公司、成都轨道交通有限公司、南宁轨道交通集团有限责任公司、人民交通出版社股份有限公司的支持,胡邦曜、黄锋、孙壮志、郭进、施聪、张耀、赵跟党、夏栋、徐峰、卢丹蕾、张建新、李军、李莉、陈微、李中羽、吴清平、王鑫、杨丽改、姚旭、黄磊、温悦、王若茜等同志提出了修改建议,在此一并表示感谢。

交通运输部职业资格中心
2022 年 9 月

目 录
CONTENTS

第一章　城市轨道交通信号工的职业历史 …………… 001
第一节　轨道交通的起源 ………………………………… 001
第二节　城市轨道交通的诞生与发展 …………………… 006
第三节　城市轨道交通信号的发展 ……………………… 010
第四节　城市轨道交通信号工职业的形成 ……………… 016

第二章　城市轨道交通信号工的职业使命 …………… 018
第一节　日常检修信号设备 ……………………………… 018
第二节　日常养护信号设备 ……………………………… 021
第三节　信号设备故障分析 ……………………………… 043
第四节　信号设备故障排除 ……………………………… 053

第三章　城市轨道交通信号工的职业素养 …………… 074
第一节　能力要求 ………………………………………… 074
第二节　职业要求 ………………………………………… 080
第三节　知识要求 ………………………………………… 085
第四节　技能要求 ………………………………………… 110

第四章　城市轨道交通信号工的职业价值 …………… 118
第一节　行车安全的保障者 ……………………………… 118
第二节　行车效率的保障者 ……………………………… 133
第三节　舒适出行的保障者 ……………………………… 143

第五章 城市轨道交通信号工的职业展望 ………… 155

第一节 城市轨道交通信号工的职业发展 ………… 155
第二节 城市轨道交通信号技术的未来 ………… 160
第三节 城市轨道交通信号工职业的未来 ………… 172

参考文献 ………… 177

附录 本书涉及缩略语 ………… 179

第一章 城市轨道交通信号工的职业历史

第一节 轨道交通的起源

市场总是在扩大,需求总是在增加。工场手工业也不再能满足这种需求了。于是蒸汽和机器就引起了工业中的革命。

——马克思、恩格斯《共产党宣言》

一、轨道车辆的现世

(一)"轨道"的出现

英国的煤炭出产在纽卡斯尔、南威尔士和英格兰中部地区。这些地方挖出来的煤首先要运到海边上船,然后再运到其他地方去,而到海边的这段距离就只能依靠陆路运输。当时的陆路运输方式只有马车,但是城乡道路普遍是黄土小道,逢上雨季,装载货物的运货车在这种道路上几乎无法用马拉动,因而普通的马车已远不能适应运输要求。于是,英国人想出了一个办法,那就是用木头来搭建轨道,让马车的轮在两根轨道上行走。

(二)铁轨的涌现

运煤的车辆非常沉重,木头轨道的耐用性非常差,所以在木头轨道旁边往往放着备用材料,发现木头坏了马上换掉。后来,为了提高轨道耐用程度,采用铁皮包裹的木质轨道。

1750年左右,铁轮子出现。1765年,英国开始使用铁轨运输煤矿。1789年,英国人威廉·杰瑟普设计了第一辆带凸缘车轮的马车,这种四轮马车有凹槽,可以让车轮更好地抓住铁轨,这是后来铁路机车的一个重要设计(图1-1-1)。

图1-1-1　带凸缘的车轮

(三)车辆的出现

1802年,伦敦南部世界上第一条马拉的公共铁路开通。钢轮与钢轨是点接触,滚动摩擦阻力很小,且钢轨可以看成弹性地基上的无限长梁,连续的长梁将钢轮荷载通过轨枕分散到路基上,而不是集中在道路的某一个点上。

1801年,首辆蒸汽汽车在英国问世之后,蒸汽机装在车辆上以后,使得载运量大大提高。出于对这种新交通工具运载威力的"惧怕",也考虑重型车辆对道路的高要求,伦敦运输业向法院提起诉讼,英国法律规定这个庞然大物不能在公路上行驶。

二、蒸汽火车的诞生

(一)蒸汽机的产生

1698年,英国人托马斯·塞维利发明了利用蒸汽压力制成的抽水机,但是不够坚固,经受不住大量蒸汽的压力而常常破裂。1705年,铁匠托马斯·纽科门在塞维利抽水机的基础上加以改进,制造出了第一台真正可用作动力的蒸汽抽水机。

瓦特在格拉斯哥大学从事制造和修理自然科学仪器工作时,注意到纽科门式蒸汽机之所以浪费很多热量和时间,是因为汽缸里既要产生蒸汽,又要注入冷水。1765年,瓦特在蒸汽机安装了一个隔离式冷凝器装置后,蒸汽不是在汽缸内冷却凝固,而是让蒸汽通过一个阀门,进入一个单独保持冷却的冷凝器冷却,这样就不需要降低汽缸的温度,也能够不断产生真空。

(二)蒸汽火车的发明

英国工程师乔治·斯蒂芬森被认为是第一个发明铁路蒸汽机车发动机的人。1814年,他为斯托克顿和达林顿铁路公司设计并建造了一辆崭新的蒸汽机车,并被聘为公司的工程师。这辆机车拥有锅炉、烟道、汽缸,而且用轴传动代替了低效的齿轮传动,已经初具现代蒸汽机车的雏形。乔治·斯蒂芬森很快就说服了业主使用蒸汽动力,将蒸汽机安装在货车上,并建造了第一个火车头。

三、铁路的兴建

(一)世界第一条铁路

1825年,斯托克顿和达林顿铁路完工,这条铁路由乔治·史蒂芬森亲自指挥修建,全长约21km。同年9月27日,世界上第一列由蒸汽机车牵引的"火车"由斯蒂芬森亲自驾驶试车成功(图1-1-2)。该"火车"共牵引了32辆货车(其中22辆装有座位)和一辆客车,载重90t,载客450人,最高行驶速度24km/h,旅行速度7km/h,从伊库拉因车站到达林顿车站共13km,行驶了65min。"斯蒂芬森火车"的鸣叫,召唤了"铁路时代"的到来,极大地促进了世界经济的发展。

图1-1-2　1825年斯蒂芬森发明的蒸汽机车试车成功

(二)我国铁路的产生与发展

1.清朝时期的铁路

李鸿章是清朝高级官员中主动提出修建铁路的第一人。英商怡和洋行在上海瞒着上海道台擅自修建了吴淞铁路(图1-1-3)。

图1-1-3 吴淞铁路列车开行

我国自建设并保存下来的第一条铁路是唐胥铁路。在洋务派与顽固派的纷争中，仅9.67km长的唐胥铁路，结束了中国没有自主修筑铁路的历史，同时也拉开了利用现代技术修筑铁路的序幕。

京张铁路(图1-1-4)为詹天佑设计并主持修建的铁路，它始于北京市丰台区，经八达岭、居庸关、沙城、宣化等地至河北张家口，全长200km，穿越燕山山脉，沿途地势陡峭，地形险要，施工艰难实为罕见。京张铁路是第一条完全由我国工程人员自建的铁路，于1905年9月开工修建，詹天佑创造性地运用"折返线"原理，在山多坡陡的青龙桥段设计了"人字形"展线方案，使展线坡度降低到30‰以下，八

图1-1-4 京张铁路

达岭隧道长度减少了一半。1909年9月24日京张铁路全线通车。

2.民国时期的铁路

辛亥革命后，袁世凯在1912年宣布"统一路政"，解散了各省商办铁路公司，把各省已经建成和正在兴建的铁路全部收归国有，用以抵借外债，因而形成了帝国主义掠夺中国路权的第二次高潮。孙中山在《建国方略》中反复强调铁路建设的重要性，民国初年孙中山更是提出了要在10年内建10万km铁路的计划。

南京国民政府从1928年开始执政，在其长达20余年的统治中，虽然制订了大规模发展铁路的计划，并一度设立铁道部统管全国铁路事业，但建成的铁路并不

多。在国衰民穷、连年战争的情况下,铁路业举步维艰。

3. 新中国铁路跨越式发展

新中国成立初期,在修复旧时铁路的基础上,以沟通西南、西北为重点,修建了大量铁路干、支线和铁路枢纽,初步形成了铁路网基础框架。"文化大革命"期间,铁路在非常困难的条件下实现了一定发展,相继建成了焦枝、成昆、贵昆、湘黔等干线。新中国铁路在克服重重困难后,迅速重建发展,铁路网络基本覆盖全国,为推动我国工业体系建立和促进国民经济发展提供了有力保障。图1-1-5所示为新中国第一条铁路。

图1-1-5　成渝铁路通车

4. 六次大提速

我国铁路大提速一般指1997—2007年我国铁路一共进行的六次大面积提速,提速前的全国列车平均旅行速度仅有48.1km/h。

1997年4月1日零时,中国铁路第一次大面积提速调图,拉开了铁路提速的序幕。这次提速调图,列车最高运行速度达到了140km/h;全国铁路旅客列车旅行速度由1993年的48.1km/h提高到54.9km/h;首次开行了快速列车和夕发朝至列车。

1998年10月1日零时,第二次大面积提速调图开始实施。这次提速调图,快速列车最高运行速度达到了160km/h;全国铁路旅客列车平均旅行速度达到55.2km/h,直通快速、特快客车平均达到71.6km/h;首次开行了行包专列和旅游热线直达列车。

2000年10月21日零时,第三次大面积提速在陇海、兰新、京九、浙赣线顺利实施,初步形成了覆盖全国主要地区的"四纵两横"提速网络。全国铁路旅客列车平均旅行速度达到60.3km/h。此次将传统的快速列车、特快列车、直快列车、普通客车、混合列车、市郊列车、军运人员列车七个等级调整为三个等级,即特快旅客列车、快速旅客列车、普通旅客列车。

2001年10月21日零时,第四次大面积提速调图开始实施,铁路提速延展里程达到13000km,使提速网络覆盖全国大部分省(自治区、直辖市)。这次提速调图,全国铁路旅客列车平均旅行速度达到61.6km/h;进一步增开了特快列车,树立了夕发朝至列车等客货运输品牌的形象。

2004年4月18日零时,第五次大面积提速调图开始实施。这次提速调图,几大干线的部分地段线路基础达到200km/h的要求;提速线路总里程超16500km;全国铁路旅客列车平均旅行速度达到65.7km/h。

2007年4月18日零时实施的第六次大提速,是在京哈、京沪等既有干线实施的时速200km/h的提速,部分有条件区段列车运行速度可达250km/h,200km/h提速线路延展里程一次达到6003km,标志着我国铁路既有线提速跻身世界先进铁路行列。

经过六次大提速,我国进入了高速铁路时代。我国高速铁路的迅猛发展为人们便利出行带来质的提升,高速铁路已成为人们美好生活的一部分。我国高速铁路从未停下前进的脚步,从"和谐号"到"复兴号",从国内到国外,我国高速铁路全面发展、遍地开花,已成为世界铁路行业领跑者。我国高速铁路已经进入自主创新、研发的时代,"复兴号"动车组的问世就是最好的见证,因此,"智能高速铁路""绿色高速铁路"的研发也是铁路发展进入新时代的具体实践,将让中国铁路技术标准成为世界标准,并将促使我国高速铁路更节能、更环保,成为名副其实的"绿色高速铁路""环保高速铁路"。

第二节 城市轨道交通的诞生与发展

1863年1月10日,世界上第一条快速轨道交通地下线(地铁)在伦敦正式运营,标志着城市轨道交通的诞生。通车时,采用蒸汽机车牵引,线路全长6.5km。

一、城市轨道交通的诞生

(一)什么是轨道交通

通常意义的轨道交通系统是"钢轮钢轨"系统,轮轨之间的接触是"点接触",车辆行驶的滚动阻力小于道路交通车辆;"轨道"都是铺设在运输量集中的"交通走廊"中,由于轨道的"支撑"作用,轨道交通车辆的载重要大于道路车辆,换言之,轮对传递给轨道的力更大;轨道交通"车道"的宽度要小于道路车道的宽度;轨道交通车辆的运行速度均高于道路交通车辆,一般概念的轨道交通均具有独立路权。

19世纪的道路是没有铺装的,充气橡胶车轮尚没有出现,要提高车辆的行驶速度就必须减小车轮和接触面的摩擦阻力。另外,载客有固定的路线,在规定的路线上铺设轨道无疑是十分有利的,这就是1829年的伦敦和1831年的纽约街上出现了马拉或驴拉轨道车辆的原因。1860年马拉或驴拉的公共轨道车辆更是风靡北美洲各大城市,如图1-2-1所示。

图1-2-1 有轨马车(客运)

(二)城市轨道交通的出现

根据《城市公共交通分类标准》(CJJ/T 114—2007),城市轨道交通是指采用轨道结构进行承重和导向的车辆运输系统。狭义的城市轨道交通是指地铁、轻轨、单轨。

1. 世界第一条地下铁道

在城市轨道交通出现之前,即使长距离、大运量的铁路运输已经成了主流,但是并未给城市本身的交通带来较大便利。毕竟,铁路解决的是城市之间长距离旅客、货物的运输问题,而居住在城市里面的人们主要依靠步行、乘坐马车或人力车出行。

随着时间的推移,城市继续向外扩展,大量的人流涌进城市中心,曾经通畅的大街被无数马车填满,污染、噪声、车辆拥堵,成了百年前大城市面临的普遍问题。而随着汽车的出现,这种交通状况愈加恶劣,汽车的旅行时间越来越长。

1863年,解决城市交通问题的轨道交通第一次出现在雾都伦敦(图1-2-2),起自帕丁顿站,终至法灵顿站,线路全长6.4km。这条地铁的正式运营是一个划时代的标志性事件,它预示着交通运输可以不止一种方式,不止一个空间,只要技术可行,"上天入地"的立体交通方式均可实现。

2. 我国第一条地铁

我国现代化城市轨道交通是以1965年7月1日开工建设的北京地铁为开端(图1-2-3),1969年10月1日建成通车(北京站—苹果园站,全长23.6km)。这时期的地铁规划与建设,除了实现城市的客运功能外,更重要的是考虑满足人防战备的需要。

图1-2-2　伦敦地铁通车时的情景

图1-2-3　1965年7月1日北京地铁举行动工典礼

二、城市轨道交通的发展

城市轨道交通兴起的直接原因是解决城市拥堵等问题,当时的公交车的运行速度从20世纪60年代的40km/h下降到了现在的10km/h。如果没有可以替代的交通方式出现,城市交通面临陷入瘫痪的风险。

(一)世界轨道交通发展

从150多年前伦敦修建第一条地下铁道开始,城市轨道交通技术不断发展完善,并且以地铁为代表,发展出了轻轨、有轨电车、独轨交通等多种多样的交通工具。1890年,伦敦建成世界上第一条电力牵引的地铁线路。1900年,巴黎地铁首次投入使用,1902年,德国柏林地铁开通运营。东京、莫斯科等也不甘落后,纷纷修建地下铁道,其中莫斯科地铁还成了世界上艺术含量最高、并且运量世界第一的地铁线路。

第二次世界大战以后,1950—1974年,世界各地地铁建设蓬勃发展,约30座城市相继建成了地铁。有加拿大的多伦多、蒙特利尔,意大利的罗马、米兰,美国的费城、旧金山,苏联的列宁格勒(现圣彼得堡)、基辅,日本的名古屋、横滨,韩国的首尔和中国的北京等。

(二)我国轨道交通发展

自1906年在天津开通第一条有轨电车,至2008年8月8日北京奥运会开幕,北京、上海的城市轨道交通运营里程分别达到了200km和234km,我国的城市轨道交通建设经历了曲折的过程,主要经历了三个阶段。目前正处在大发展、大建设时期。

1)1906—1949年:有轨电车时代

在此期间,北京、上海、天津、沈阳、大连、鞍山、长春、哈尔滨、武汉等城市,先后建成了多条有轨电车线路。

2)1949年至20世纪80年代末:缓慢发展期

北京在20世纪60年代开始兴建具有交通和人防双重功能的中国第一条地铁线路,于1969年1月投入运营,从而开创了我国地铁建设的先河。但这一阶段地铁建设基本处于起步阶段,形式比较单一,贯彻以战备为主、兼顾交通的指导思想。

3)20世纪80年代末至今:快速发展期

改革开放以来,我国国民经济保持持续快速增长,城市化进程明显加快,对城市运输的需求日益增加,导致道路交通供给能力严重不足,交通拥堵已成为城市社会经济发展的重要制约因素。为适应城市发展的需要、缓解城市交通的紧张状况,从20世纪90年代开始,我国政府增加了对城市交通基础设施的投入,强调轨道交通对解决城市交通问题和引导城市发展的作用,城市轨道交通开始进入能力扩张与质量提高并进的发展阶段。1994年,2个城市开通城市轨道交通线路,运营里程47km,截至2021年底,我国31个省(自治区、直辖市)和新疆生产建设兵团累计有51个城市开通运营城市轨道交通线路,运营里程8708km。

由于地下铁道造价昂贵,很多城市的经济实力难以负担。而轻轨交通具有"造价低、用得起、见效快"的优点,对于经济实力不是很雄厚的大中城市而言,发展轻轨交通是非常适合的。因此,在百万人口以上的大城市中,发展轻轨交通具有广阔的市场前景。

《国家中长期科学和技术发展纲要》明确提出构建以城市轨道交通为骨架的城市公共综合交通体系,我国城市轨道交通建设在"十一五"期间迎来真正的建设高潮。

第三节 城市轨道交通信号的发展

城市轨道交通信号系统是指挥列车运行、保证列车安全、提高运输效率的关键设备。信号系统通常由列车运行自动控制系统和车辆基地信号控制系统两大部分组成,用于列车进路控制、列车间隔控制、调度指挥、信息管理、设备工况监测及维护管理等,是一个高效的综合自动化系统。

一、铁路信号的出现与发展

(一)什么是铁路信号

铁路信号有广义和狭义之分。广义的铁路信号是铁路运输系统中,保证行车安全、提高区间和车站通过能力以及编解能力的手动控制、自动控制及远程控制技术的总称;狭义的铁路信号是在行车、调车作业中,用特定物体(包括信号灯、仪表、音响设备)的颜色、形状、位置和声音等向铁路司机传达有关前方路况、机车车辆运行条件、行车设备状态以及行车命令等信息的装置或设备,简单地说就是保证行车安全、提高运营效率的设备。

铁路信号的作用是保证机车车辆安全有序地行车与调车作业。伴随电子工业的发展,形成了现代铁路信号,也使行车指挥系统逐步实现自动化,列车运行也向着自动驾驶与自动控制方向发展。

(二)铁路信号的出现

由于火车只能在固定的轨道上行驶,如果在列车行驶路径中,出现"第二者",后果将不堪设想。因此,最早的列车在运行时,是一位头戴绅士礼帽、身穿黑色大衣的铁路员工骑马在前引导列车以极低的速度运行,用手势作为信号的内容,且只有前进、停车两种信号。当时铁路仅限于白天行车,列车很少且速度极低。

随着运输需求和开行列车数量的加大,加之骑马已跑不过火车,为确保安全,这种信号方式很快被淘汰,人们开始研究固定的信号设备。早期的固定信号采用一块长方形指示板来表示,指示板横向线路代表停车信号,顺向线路代表进行信号。然而实际上,顺向线路的指示板很难看见,所以又在顶端增加圆板。当必须在晚间开车时,以红色灯光表示停车信号,白色灯光表示进行信号。1832年,美国开始在纽卡斯尔—法兰西堂铁路线上使用球形固定信号装置,如果列车准时到达,则悬挂白球,若晚点则挂黑球,这种信号机每隔5km安装一架。铁路员工用望远镜瞭望,沿线互传消息,以传达列车运行消息。

随着列车速度的不断提高,需从远方就能准确看到信号的显示。人们发现,在面积相等的情况下,与圆形和正方形相比,长方形显示视野最远。因此,1841年英国人戈里高利提出用长方形臂板显示信号(图1-3-1),并装设在伦敦桥车站。这是铁路上首次使用的臂板式信号机。这种臂板式信号机有两种显示:水平位置表示停车信号,向下倾斜45°表示进行信号。但臂板式信号机的最大缺陷是晚上或光线差时,难以看清远处。随着电灯的发明应用,色灯信号机横空问世。夜间采用红色灯光表示停车,白色灯光表示进行,其优越性十分明显,信号显示昼夜均可,受天气及背景的影响较小,非常容易辨认。此外,增加反射镜和透镜后,更能显著提高色灯信号机信号显示的距离。之后,由于白色灯光容易和铁路附近的家用灯光混淆,进行信号改用绿色灯光。

1904年,美国在东波士顿隧道里安装了世界第一架近射程的色灯信号机。1914年,美国在纽约、新港、哈特福特、芝加哥、密耳瓦塞和圣保罗铁路上安装了世界上第一批远射程的色灯信号机。1920年,美国在波士顿和缅因铁路上装设了三色显示的探照式色灯信号机。早期的信号操纵工作由初期人站在机柱下扳动,发展到之后改为将导线连到值班房进行操纵,以减轻工人劳动强度。

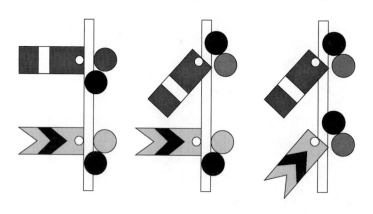

图1-3-1　臂板信号机

(三)铁路信号的发展

1872年,美国人W·鲁宾逊发明了轨道电路,如图1-3-2所示,该电路装置是在走行钢轨的基础上开发研制的,故称为轨道电路。其基本工作原理是:当有列车占用轨道时,列车轮对和车轴使电路短路,导致轨道继电器落下,通过继电器接点控制相关轨旁信号灯的显示,从而反映线路是否有车占用。这个过程不需要人工介入,故属于自动信号。轨道电路的出现,是铁路信号发展史上一次重大的突破。轨道电路的应用可以使列车的运行直接与信号显示相联系,开启了列车自动控制信号的新时代。

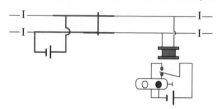

图1-3-2　轨道电路简图

早期铁路信号主要解决列车基本的"视力"问题,由地面信号向列车司机提供视觉信号,然而由于地形和气候条件的影响,列车司机往往不能在规定的距离上及时瞭望到前方信号机的显示,易产生冒进信号的危险。因此,机车信号设备顺势而出。机车信号设备将地面的视觉信号复示至司机驾驶室,改善了列车司机的瞭望条件。但是,机车信号无法防止因列车司机失去警惕而发生"两冒一超"等危及行车安全的事故,于是在此基础上增加了列车自动停车设备。列车自动停车设备的功能是当地面信号是"禁止命令"而列车司机未采取减速操作时,设备自动采取制动措施使列车停车。随着列车速度提高,特别是高速铁路的发展,为了克服由于列车超速而产生列车颠覆等事故,列车超速防护设备得到广泛应用。随着自动控制技术及其他技术的发展,列车运行自动控制系统已全面应用于轨道交通系统。至此,铁路信号已经从最初阶段提供"视力"的传统信号逐步演变成列车闭环自动控制系统。

(四)我国铁路信号的发展

1881年,我国自办的唐胥铁路开通,迈出了我国自办铁路的第一步。唐胥铁路采用西门子莫尔斯电报机作为站间闭塞和通信联络的工具,并从1907年起逐步安装臂板式信号机,于到1951年自行设计并制造了继电式集中联锁设备。

在我国铁路信号研究人员及生产企业的努力下,信号基础设备得到根本改变。由色灯信号取代臂板信号,信号显示全部实现自动控制;道岔全部采用我国自行研制的电动转辙机及外锁闭装置;自行研制的轨道电路广泛应用于铁路车站及区间,以实现列车占用的自动检测,并向列车传送前方空闲间隔信息,为机车信号及列车控制提供依据。

为了提高列车运行的安全性,我国自行研制了列车运行监控记录装置(LKJ)并在全路机车上推广使用。随着高速铁路、客运专线的发展,2003年10月,铁道部主持制定了《中国列车控制系统(CTCS)技术规范总则(暂行)》和相应CTCS技术条件,以分级的形式满足不同线路运输需求和线路速度需求,将CTCS划分为5个等级,依次为CTCS 0 ~ CTCS 4级。

2007年,我国研制的CTCS-2级列车运行控制系统得到成功应用。目前我国高速铁路正广泛推广基于无线通信自动闭塞的CTCS-3系统,用无线通信技术代替轨道电路实现信息传输,列车可精确获知自身的位置及速度等信息,地面控制中心追踪列车并发送移动权限、允许速度、限速、紧急停车等命令,实现基于无线通信的自动闭塞。

二、城市轨道交通信号系统基本架构

目前,城市轨道交通信号系统通常由运行线 ATC 系统和车辆基地信号控制系统组成,如图 1-3-3 所示。

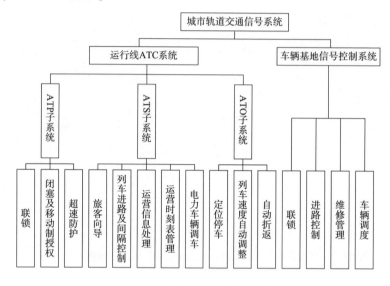

图 1-3-3　城市轨道交通信号系统

ATP(Automated Train Protection)-列车自动保护;ATS(Automated Train Supervision)-列车自动监控;ATO(Automated Train Operation)-列车自动运行;ATC(Automated Train Control)-列车自动控制

信号系统被称为城市轨道交通系统的"神经中枢",是一个集行车指挥和列车运行控制为一体的机电系统。其直接关系着城市轨道交通系统的运营安全、运营效率以及服务质量,保障着乘客和列车的安全,从而实现列车快速、高密度、有序运行。

三、我国城市轨道交通信号的发展过程与特点

(一)发展过程

1. 技术研究试验阶段

1956 年,北京开始建设我国第一条地铁线路。该线路在国内缺乏技术人才的情况下由苏联专家提供技术支持,而后专家因故撤离,由我国研究人员探索实践完成。直至 1971 年,第一条地铁开始分段逐级投入运营。然而当时线路故障频发,

列车停运事件常有发生。之后经过10年的刻苦攻关,地铁技术人员对地铁的供电系统反复试验,直至1981年,地铁一期工程终于通过专家鉴定后批准正式验收,全面投入运营。

改革开放以来,随着各地经济的高速发展,人口和机动车数量的急剧增长,城市交通拥堵等问题日益凸显。大城市开始考虑并修建地铁线路以缓解交通压力。此时的地铁是以培养人才、学习先进技术为目的。这个时期最大的特色是,轨道电路进入无绝缘移频轨道电路(准移动闭塞)时代,通过机车信号系统,完成了车-地单向通信。列车自动控制系统的出现,集列车调度、监控、防护、自动驾驶功能于一身,极大提高了系统集成度和安全性。我国也开始了城市轨道交通信号技术的广泛研究试验。

2.技术国产化阶段

随着我国经济的高速发展,城市规模扩大,继上海和广州修建地铁之后,"地铁热"现象持续升温。在34个人口数量过100万的城市中,有20个城市提出修建地铁的计划。2008年,我国第一条CBTC(Communication Based Train Control System,基于通信的列车自动控制系统)线路——北京地铁2号线投入运营,标志着我国地铁正式进入移动闭塞时代,然而信号系统仍采用国外技术。直到2010年12月30日,北京地铁亦庄线、昌平线开通运营,由北京交通大学团队自主研发的CBTC成功通过劳氏铁路国际认证,标志着我国成功掌握CBTC的ATP/ATO核心技术。2012年1月18日,众合科技CBTC中6个核心产品同时获得劳氏铁路(亚洲)的安全论证,成为国内自主研发CBTC中唯一一家拥有完整的、全系列的信号系统核心产品独立第三方安全论证的公司。至此,我国正式具备CBTC的自主知识产权。目前,国产CBTC系统在北京、广州、上海、武汉、成都、沈阳等国内城市的城市轨道交通系统中广泛应用。如北京地铁亦庄线、重庆地铁4号线与10号线、青岛地铁13号线、广州地铁7号线、杭州地铁4号线等。

(二)发展特点

(1)行车组织自动化。应用全自动化的先进系统,以消除人为因素的不利影响,缩短追踪间隔,提高通过能力,使系统运行准时、可靠,通过自动驾驶技术提高旅客乘车舒适度、停车精度,实现站台门控制,以改善乘车环境,确保旅客安全等。

(2)列车控制系统化。ATC 系统由多个子系统组成以实现列车安全运行控制,各子系统之间存在分工与协作问题,协作的好坏直接影响到系统的性能。计算机、控制、通信与信息技术的快速发展,为 ATC 系统化建设提供了必要条件。

(3)信息传输数字化。由于信息是控制的基础,无论 ATP、ATO、ATS 控制,都需要地车甚至车地通信。数字编码无绝缘轨道电路和轨间交叉电缆传输是两种有代表性的信息传输方式。由于无线具有设置灵活、双向传输、信息量大、易于维护、成本低等特点,数字编码无绝缘轨道电路方式在应用数量上占据了明显优势,而轨间交叉电缆传输方式只在特别强调运输密度的场合下应用。

(4)维修管理信息化。除了设备本身需要进行可靠控制外,由于地铁交通空间狭窄,运输密度高,设备故障对系统的影响极大,为提高系统的可靠性、提高处置效率,信号系统的监控管理以及维修管理信息系统都非常重要。

第四节　城市轨道交通信号工职业的形成

城市轨道交通信号工指从事轨道交通信号相关设备安装、维护、修理及改造工作的人员。一名优秀的城市轨道交通信号工需要有较高的综合素质。

一、铁路信号工

1825 年 9 月 27 日,英国斯托克顿—达林顿铁路成为世界上第一条铁路。为了保证列车运行的安全,最早是由引导员骑马以手势作为信号在前方引导列车运行,指挥列车前进、停车。该骑马的引导员即为铁路信号工的雏形。

早期的铁路信号主要解决基本的"视力"问题,即由地面信号向列车司机提供视觉信号,以保证与前方列车之间有足够的距离。1872 年,美国人 W·鲁宾逊发明了轨道电路,通过继电器控制相关轨旁信号灯的显示以反映有车占用,信号控制过程不再需要人工介入。随着各类信号技术的发展,信号人员的工作逐步由使用信号器具向维护、维修信号器具过渡。至今,现代铁路信号工的主要岗位职责是根据设备运行周期和设备运行状况,对铁路信号设备进行安装、测试、维护和应急维修等。在国外从事该工作的人员叫作铁路信号员(Railway Signalman),在国内统一称为铁路信号工。

二、城市轨道交通信号工

我国第一条城市轨道交通线路是1969年10月1日建成通车的北京地铁1号线。其采用三显示透镜式色灯信号机,设于列车运行方向的右侧。信号机按用途可分为进站、出站、通过、调车等信号机。其中,地铁自动闭塞通过信号机采用三显示带防护区段的信号显示制度,即对每一个被占用的闭塞分区除了以色灯信号机的红色灯光加以防护外,再增加一个闭塞分区作为防护区段,同样以红灯加以防护,如图1-4-1所示。其闭塞方式为继电半自动闭塞,采用道岔、信号机及继电式集中联锁。由于地铁有电流干扰、行车速度高、闭塞分区短等特点,且为适应列车运行自动化的要求,1965年开始设计、研制了移频自动闭塞设备,于1969年10月在北京地铁1号线北京站—苹果园站间安装运行。

图1-4-1　防护区段

可见,我国城市轨道交通信号工岗位产生于北京地铁1号线开通运营期间,当时的城市轨道交通信号工主要从事城市轨道交通信号相关设备的安装、维护、维修及改造工作,是城市轨道交通行业里面技术含量较高的一个工种。

第二章 城市轨道交通信号工的职业使命

第一节 日常检修信号设备

城市轨道交通信号工所从事的工作就是对城市轨道交通信号设备进行日常检修和维护、故障分析与排除,时刻保障城市轨道交通运输安全、高效、舒适。其中,每天都需要做的工作是对信号设备进行日常检修。

一、精准到位,保信号系统稳定运行

人们形象地把城市轨道交通信号系统比作城市轨道交通的"神经中枢",而信号工就是要保障"神经中枢"的正常运转,他们不但要掌握信号设备的机械构成、电路工作原理、信号微机监测,还要不断地学习新技术,通过对城市轨道交通信号设备进行安装、维护、测试以及抢修、应急处理等,让城市轨道交通信号系统健康运行。

目前,城市轨道交通最短行车间隔时间是90s,列车运行间隔小、行车速度快、准点率高,除了与列车司机的平稳驾驶、调度员的有序指挥密不可分外,也离不开信号工在"幕后"的工作。在城市轨道交通列车运营中,信号工是"小而强大"的存在,他们几乎一直身在线网"暗处",履行着信号系统的稳定运行职责。图2-1-1所示为信号工在检修转辙机。

地下轨道交通线路客流强度大,保持信号系统的稳定是重中之重。每天穿行于地下的城市轨道交通列车靠信号系统指挥,一旦信号系统出现问题,列车就会变

得"耳聋眼瞎",极端情况下会造成列车长时间停靠车站,甚至出现大规模延误。

图 2-1-1　信号工在检修转辙机

道岔转辙机是列车运行不可或缺的重要设备,能改变列车运行方向、完成线路两端折返。每一列车抵达终点站进行折返时,都需要转辙机推拉道岔动作完成列车掉头。单台转辙机的日平均动作频次在 200 次以上,有的地方单台转辙机每日动作频次高达 500 次以上。

信号工在"封锁时间"内必须完成包括道岔状态检查、转辙机内外部检查、安装装置检查和道岔试验等在内的八大作业项目,同时还包括机械杆件和电器元件的拆卸、安装,这不仅要靠班组成员团结协作,还要求信号工动作迅速、精准到位。

二、争分夺秒,保信号设备状态良好

每天凌晨,各城市轨道交通运营列车开始返回车辆基地,这就是信号工日常检修维护设备的开始,也是信号工最为繁忙的时段。除了对列车信号设备进行维护外,线路上信号设备检修也是作业的"重头戏"。驻站的信号工夜间施工前需提前召开工前预备会议,包括清点检修工器具、人员签到、施工安排等。

在轨行区(图 2-1-2),正线信号工正在争分夺秒地检修正线上的信号设备,包括牵引道岔的转辙机、为列车指引道路的信号机、为列车传递信息的 AP 无线系统等。尽管线路狭长,设备繁多,时间紧迫,任务重,但也要求信号工做到精检细修。

早晨,信号工还要参与每日首发列车检查工作。随着列车发出第一声鸣笛,代表着第一列客车的送车检查工作顺利完成,这也是信号工每天内心最满足的时刻。经过认真检修的列车缓缓向正线开去,信号楼和控制中心的信号人员时刻关注着列车出场情况,做到时时防控。

早晨的交班会时间(图2-1-3),大家坐一起谈一谈前一晚的作业情况,发现了多少问题及隐患,做了什么样的处理,解决了什么故障,有什么心得,相互交流,相互学习。

图2-1-2 轨行区作业

图2-1-3 早晨交班会

下午,与日班同事交接完班后,信号工则需巡视设备房(图2-1-4),完善好记录,登记好表格。之后就要准备晚上检修作业的工器具,做好工器具清点明细,拍照留底。

图2-1-4 室内信号设备巡检

信号工的检修工作需要谨慎,检修内容日复一日。看上去似乎枯燥,但却十分关键，关系着地铁第二天能否将每位乘客准时准点安全送达目的地。平均一个夜班一名信号工要走 2 万余步，需要仔细检查 300 多个设备。他们的身影总是在地铁停运后、万家灯火逐渐熄灭时才出现在城市的地下。他们工作的特殊性之一，便是夜间施工较多、鲜为乘客所知晓。城市轨道交通信号工同其他专业岗位的员工一样，为了市民的安全出行，他们信念坚定，永不停歇。

第二节　日常养护信号设备

为了让城市轨道交通安全、高效、正点运行，城市轨道交通信号工需要经常对城市轨道交通信号设备进行有计划的"体检"，及时发现设备上的缺陷并干预，从而实现城市轨道交通信号设备的维护，保证城市轨道交通信号设备良好的工作状态。

一、熟悉设备

作为城市轨道交通信号工，最基本的要求是能够识读信号系统与各种信号设备信息。当进行设备维护、检测、安装、调试等操作时，一要找对设备，二要会看图纸，三要时刻不忘自我学习，提高知识与技能水平。

(一) 认识信号设备

1. 了解信号系统的结构

城市轨道交通信号工作为城市轨道交通信号设备的维护者，要能系统地认识城市轨道交通信号系统。掌握 ATC 的构成，即掌握各信号子系统，如 ATS 子系统、ATP 子系统(包括地面 ATP 子系统和车载 ATP 子系统)、ATO 子系统(包括地面 ATO 子系统和车载 ATO 子系统)，以及计算机联锁(Computer Interlocking, CI)系统、数据通信系统(Data Communication Subsystem, DCS)、信号维护支持系统(Maintenance Support System, MSS)等设备构成。

2. 领略信号系统间的联系

城市轨道交通信号系统组成复杂，各子系统之间信息交互繁多，因而对于信号工来说还需更进一步掌握城市轨道交通信号各子系统的功能、子系统内部设备之间、子系统之间的联系,以及子系统间是如何协作来保证列车安全、快速、高效运行。

城市轨道交通信号工要深入理解子系统的主要功能。如,ATP子系统主要进行超速防护,监控与安全运行相关的设备,如果当前列车运行速度超过了允许速度,就会自动触发紧急制动。除此之外,信号工需要知道该子系统具有列车位置检测、保证列车间的安全运行间隔、确保列车在安全速度下运行、信号显示、故障报警等功能,与ATS、ATO及车辆系统有接口并且同步数据交换。ATO子系统主要通过地面传送控制信息实现对列车驱动、制动的控制,包括列车自动折返。此系统会根据控制中心的指令使列车按最佳工况正点、安全、平稳地运行,自动完成对列车的启动、牵引、惰行和制动。ATS子系统主要实现对列车运行的监督和控制,辅助调度人员对全线列车进行管理。

城市轨道交通信号工需掌握信号设备间的联系。城市轨道交通信号工需明晰城市轨道交通线路信号设备位置、信号设备种类,信号设备主要实现的功能。比如,对于自动监控子系统有用于监视、控制线路和列车运行的场所,通常称行车控制中心,一条线路含有很多车站,这些车站设置区域性联锁区间,重要的信号设备一般放置在有道岔的控制站。同时,列车上安装有车载控制设备,控制中心与控制站通过有线数据通信网连接,控制中心与列车之间采用无线通信进行数据交换。作为城市轨道交通信号工,城市轨道交通信号设备之间的联系要熟识于心。

3. 掌握信号设备的工作原理

一名合格的城市轨道交通信号工,不仅能够识别各种信号设备,还要熟知信号设备的功能、特性及维护操作方法。要具备良好的维护技能,就必须牢固掌握信号设备的工作原理。

如信号基础设备中的安全型继电器,信号工不但要能够通过外观来区分不同的继电器,能够掌握继电器名称字母含义、继电器触点接通关系,还能通过相关工具与仪器来测试继电器各项参数。再如,转辙机是一个复杂的机械设备,是重要的信号基础设备,信号工不仅仅要认识转辙机,还要对转辙机内部构成、动作顺序、工作原理都要了如指掌。当转辙机出现异常或故障时,城市轨道交通信号工能够快速分析出故障原因并排除故障。信号工不但要会操作信号联锁设备,还要能够识别进路的种类、抵触进路和敌对进路等。

(二)识读信号图纸

1. 设备符号识读

一张完整的信号设备图纸是由很多信号设备符号与连接线构成的。城市轨道交通中信号设备有很多,每种信号设备都有自己的符号。要能够识读信号图纸,首先应能够识读设备符号。

2. 设备图纸识读

信号设备图纸包括信号设备的电气图纸和机械图纸。如道岔转辙机的道岔控制电路、信号机有信号点灯电路、电源屏有屏间联系电路及供电电路等。识读图纸不仅能够识读设备间的连接,还要能够根据图纸分析设备工作原理、逻辑关系等。

城市轨道交通信号工在工作过程中,要经常查看信号设备图纸来强化和掌握信号设备的电气原理,在安装相关设备时也需要查看一些设计图纸,以便完成安装要求。在进行信号设备检修时,能够根据信号设备图纸快速定位故障点。

典型案例

> 某日,某地铁×号线A站,信号工接到维修调度报告:A站W1419道岔出现红闪,操作两个来回故障现象没有消失。信号工到达A站信号设备房,通过申请扳动道岔并观察,判断为A机单机故障。信号工申请并会同站务人员前往轨行区检查设备。按照道岔控制电路图纸,在室外测试W1419 A机的启动电压后,判断为室外X4断线。

多个信号设备不但有电气连接图纸,还有设备间的接口图纸。城市轨道交通信号系统中的各子系统间均有接口,相互通信和数据交换。因此,城市轨道交通信号工还要够熟练识读城市信号系统接口图纸等。

(三)互助学习提升

1. 交流学习

城市轨道交通企业为了从根本上保障安全运营,通过开展相关应急演练、技能比武、事件分析等活动进行集中学习,从而不断调动信号工的学习积极性,提高信号工的业务能力和执行力,同时也能够不断强化信号工的职业意识,提高信号工对自身价值的认识。图2-2-1为某地铁车间人员在进行理论培训。

图2-2-1 车间理论培训

如,某城市轨道交通运营企业通号车间特别为全体员工制订了因材施教的培训学习计划,建立了科学全面的培训研究模型,编制了适用于各级员工的系统培训课程,同时制定高效的员工培训措施,形成了一系列可实施的培训工作方案。企业实施的一系列措施旨在提升员工业务水平,构建积极向上的学习型团队,全面提升员工的综合素养,满足地铁快速发展需求。

培训采取车间与班组轮番培训相结合的方式进行。车间培训即以月度培训为主,由专业主管工程师以课件理论授课、培训基地实操、小考测试、培训小结四部曲循环进行,不仅让信号工的业务知识得到提高与升华,同时营造了"比学赶超"浓厚的学习氛围。班组则以月度实操演练为辅,由班组培训管理员牵头,利用工作之余的时间进行桌面演练与模拟跑位演练,提高班组员工的应急处置能力和业务水平,在面对故障时,确保班组成员都能够有条不紊地处置,并大限度地缩短故障处理时间,保障信号设备的正常运行。

实施高效的培训计划,不但可以提高员工的业务技能,还能树立坚持学习的理念。建立有效的学习机制,营造爱学习、会学习、能应用、有创新的良好学习氛围,助力班组综合素质提升,为保障城市轨道交通信号设备高质量运营奠定坚实的基础。

2. 互助提升

"活到老学到老",从学校到社会,任何时候都要重视学习,信号工亦是如此。持续的学习持续提升,有利于提高信号工的积极性和创造性,让信号工秉持创新的态度去面对更多的工作,实现自身价值。根据信号工学习需要,某地铁通号中心某车间信号ATS工班制订了"每周一学"制度,此制度是将英语学习与技能提升相结合的一套制度。它不仅具有提高班组的英语水平并与实际工作相结合的作用,还大大提升了班组的运维能力。信号ATS班组人员肩负的使命,就是要不断学习、钻研技术知识,维护设备稳定,提高设备运行效率。他们购买信号专业书籍《城市轨道交通英语》和《信号专业英语》,每周学习一段专业英语,划出专业重点单词,汇总整理ATS专业缩写词汇列出全称,名词解释,汇集成学习手册。图2-2-2所示为学习资料。同时,班组以翻译ATS专业全英文版技术文档为手段,向成员分配翻译任务提升个人综合素养,并定期检查翻译进度和解决翻译过程中碰到的难点问题。

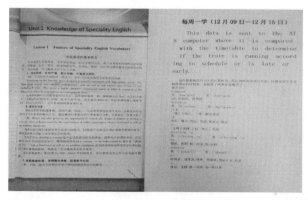

图2-2-2 学习资料

目前,全国各城市的轨道交通运营企业都有相似的学习制度,信号工通过学习,才能从根本上提升专业技能和理论知识水平,提升学习和钻研的能力,进而提高自身的业务能力和执行力,促进一线生产高效有序地开展。

二、规范使用工具

城市轨道交通信号工对信号设备的检修与维护,都要借助相应的仪表与工具。常用的工具与仪表有螺丝刀、万用表、示波器等,也有专用的转辙机测试仪等工具与仪表,以及进行综合测试的集中监测设备。

(一)制度健全

城市轨道交通信号设备大多分布于昏暗潮湿的轨行区,这对于信号工来说,在时间与空间上都具有局限性。各城市轨道交通运营单位为了将工作效率和生产安全做到实处,制订了相应的管理制度,其中包含了携带工具与工具清点的要求。

如某城市轨道交通运营企业应用"工作票"制度。它好比一剂强心针,为信号工提供安全助力和检修执行力。工作票是在信号设备上进行作业的书面依据,也是保证信号作业安全的重要措施,1个作业组的作业负责人,同时只能接受1张工作票;1张工作票只能发给1个作业组。同1张工作票的发票人和作业负责人必须由2人分别担当,不得相互兼任。每1张工作票对应1张派工单,工作票由相应资格的人员分别签发、审核完毕后交给作业负责人执行。在室外设备月检中,"工作票"制度体现在检修三部曲中。

检修前(图2-2-3),作业负责人对检修内容进行审核、下发工作票,并对施工内容进行宣讲和对工器具进行清点。

检修中,作业负责人时刻在场监督作业组成员的作业安全,必须暂时离开作业地点时,要指定临时代理人,否则应停止作业,并将人员和机具撤至安全地带。作业组成员必须服从作业负责人的指挥和调动,遵章守纪,对不安全和有疑问的命令须及时提出意见,拒绝执行违章指挥,坚持安全作业。

检修后,作业组成员开收工会,清点工器具,开展作业总结,如图2-2-4所示。

图2-2-3 检修前

图2-2-4 检修后

(二)流程标准

城市轨道交通信号工上线作业的任何一个项目,都有严格的流程,这样可以做到检修过程标准化,做好自检、自查、自纠等预控工作,保证设备质量,有效地避免新入职信号工因经验不足、技能不高导致设备维修质量不合格的问题,既能提高员工业务能力及执行力,同时又能节省工时,提高工作效率,消除不必要的人为事故隐患。

转辙机属于城市轨道交通行车设备中的关键设备,关系整条线路的安全运行,

第二章 城市轨道交通信号工的职业使命

日常检修是保障转辙机运行良好的重要手段,但转辙机设备机械机构相对复杂,对检修人员技能要求较高,在新员工较多的情况下,迫切需要一份简洁直观的指导手册。某地铁运营有限公司维保分公司正线工班制定了"转辙机检修工艺流程卡",将转辙机检修作业逐步细化,形成带图示的教学卡片。卡片突出重点卡控环节,具备作业指导书的功能,对日常检修具有极强的指导作用,对保证安全、提高质量、节省工时具有重要的意义。工艺流程卡主要分为5个部分,分别为工器具与仪表备件清单、安全注意事项、质量注意事项、作业步骤、自互检项目。

在转辙机设备年检中,按照"转辙机检修工艺流程卡"内容,逐项开展检修作业。检修过程如下。

(1)检修前,按照工艺流程卡清点工器具,见表2-2-1。

工器具、仪表备件清单　　　　　表2-2-1

名　称	型　号	数　量	名　称	型　号	数　量
尖嘴钳	—	1把	一字螺丝刀	5mm×150mm	1把
钢卷尺	5m	1个	一字螺丝刀	8mm×200mm	1把
活动扳手	300mm、450mm	各1把	十字螺丝刀	5mm×150mm	1把
斜口钳	—	1把	十字螺丝刀	3mm×75mm	1把
钢丝钳	—	1把	电台	800m	2台
6件套微型螺钉旋具	—	1套	转辙机钥匙	—	1把
全抛光双梅花扳手	27mm×30mm	1把	密贴调整片	0.5mm、1mm	多块
套筒扳手	4mm、5mm、6mm	各一个	2/4mm试验锤	2mm、4mm	1块
油壶	—	1个	2mm缺口卡尺	2mm	1个
医用不锈钢止血钳	—	1把	手摇把	—	1把
转辙机测力仪	—	1套	活接头专用扭力扳手	—	1把

续上表

名称	型号	数量	名称	型号	数量
数字万用表	—	1块	转辙机测力仪	—	1台
安全帽	—	3顶	荧光衣	—	3件
红闪灯	—	3台	手持台	800m	2台
抹布	—	若干	毛刷	—	1把
润滑油	—	1桶	合成型润滑油	—	1桶

(2)召开施工交底会,按照工艺流程卡内容交底安全注意事项及质量注意事项,见表2-2-2。

注意事项　　　　　　　　　　　　　　　表2-2-2

安全注意事项	质量注意事项
(1)现场作业时须设置专人防护或设置防护; (2)在操场道岔时尖轨缝隙较大,注意尖轨夹伤; (3)机内检修时必须断开安全接点; (4)作业期间严禁佩戴首饰、手表及其他影响安全作业的个人物品; (5)作业时执行施工交底卡控表相关要求	(1)各部配线端子必须逐根检查,不得马虎; (2)发现道岔病害需联系工建部门配合处理,原则上不得擅自更改道岔数据; (3)检修完成后安全接点必须上锁

(3)按照工艺流程卡,逐项开展检修工作。作业步骤见表2-2-3。

作业步骤　　　　　　　　　　　　　　　表2-2-3

步骤	1.检修准备 (1)检修工具准备齐全; (2)穿戴好劳动防护用品且证件齐全; (3)作业前30min,由施工负责人登记清点	2.安全防护 到达施工现场,设置红闪灯。设置要求:设置于来车方向前后各距离作业点50m外的钢轨中间	3.平台、基坑检查 平台、基坑应硬面化,并保持干净且无积水
图示	互控	转辙机　50m　红闪灯　50m　红闪灯	基坑无积水

续上表

步骤	4.手摇试验 （1）转换阻力小，与额定转换力有较大的差距，有足够的余量； （2）各杆件、启动片、速动片动作灵活不卡阻； （3）解锁时，尖轨无过度反弹； （4）密贴时尖轨刨切部分与基本轨同时接触	5.箱体外部检查 （1）转辙机箱体及电缆盒外部清洁、干净； （2）转辙机、电缆盒外部各螺栓紧固、无锈蚀； （3）蛇管固定良好不松动，无破皮、老化现象； （4）道岔编号及定位标示，应字迹清楚、无锈蚀	6.安装方正检查 转辙机外壳方正检查，转辙机外壳所属线路侧面的两端与基本轨或中心线垂直距离的偏差；外锁闭道岔不大于5mm
图示		电缆盒 转辙机箱体	转辙机外壳所属线路侧面的两端与基本轨或中心线垂直距离的偏差不大于5mm

注：可根据现场情况合理调整作业步骤，但不得减少作业步骤。

（4）作业完成后执行互检，确保设备安全可靠，人、物、料出清，互检项目见表2-2-4。

检查项目　　　　　　　　　　　　　　　　　　表2-2-4

序号	检验项目	质量标准	检验方式、工具
1	缺口检查	单机表示缺口应保证(2±0.5)mm	2mm缺口卡尺
2	配线与端子连接可靠	压接稳固，不松动，无裸露过长	目视、手动
3	转辙机安全接点、机盖锁闭完好	安全接点、转辙机盖上锁并锁好	目视、手动
4	一致性试验	室外道岔开通位置与ATS一致	目视
5	工器具、物料三清	现场无遗留	目视

（三）规范使用

信号工使用的工具有螺丝刀、扳手、克丝钳、剥线钳、电烙铁等。当信号设备出现异常、故障时，或是在计划作业中需要对信号设备进行紧固、调整时，城市轨道交通信号工都会用到相应的工具来辅助完成作业。

三、测试与测量

(一) 准确测量参数

1. 常用仪器仪表测量常规参数

信号工使用的仪表仪器众多,分为常用仪器仪表和专用仪器仪表。这些仪表仪器都能帮助信号工测量相关设备的参数,以便信号工确认设备工作的正常性与稳定性。

万用表在检修和日常中都发挥着重要的作用。它不仅可以测量交直流电压、电流,还可以测频率和电阻,且便于携带、方便使用。在抢修时,能够根据测量结果快速地做好相应的处理,避免故障影响扩大化。图2-2-5所示为信号工在使用万用表测电路。

钳形表可以测量交流电压、电流、频率及温度等,表身有灯光显示,可以在夜晚使用,能够测量最大、最小值,并且可以记忆数值。顾名思义,钳形表最方便之处在于其拥有像钳子一样的感应线圈,能够通过感应来测量电流,使用测量感应电流的方法替换了测量串联电流的方法,极大地方便了日常的检修作业。信号工在进行信号机年检、测量电流时,只需要让被测量的线穿过钳形表,即可读出电流数值(图2-2-6),避免了拆线装线的麻烦,减少了由于人为原因产生的设备故障。在道岔年检时,只需将钳口夹住导线,即可测量转辙机的启动电流,保障了信号工的人身安全。

图2-2-5　万用表的使用

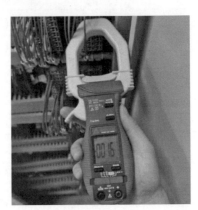

图2-2-6　钳形表的使用

2. 专用仪器仪表测量特殊参数

便携式转辙机测试仪如图 2-2-7 所示。它在转辙机的维护和修理工作中发挥着重要的作用。便携式转辙机测试仪作为维修转辙机的仪器,能快速地获取转辙机的电气及机械参数,并且能记录最大值等相关参数,且将转辙机转换过程中的电气机械参数的变化过程以曲线显示出来,加快测试速度,缩短分析时间。

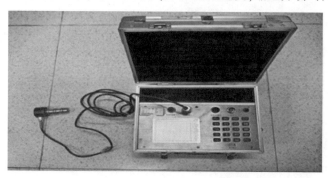

图 2-2-7　便携式转辙机测试仪

例如信号工在对转辙机进行年检时,不用拔动作杆连接销就能测试转辙机转换力、电流等参数,观察转辙机的参数曲线,可分析是否存在超过标准范围、曲线是否异常等问题,帮助信号工更好地进行转辙机的维护和修理。

热成像检测仪是一种检测信号设备工作过程中温度的仪表仪器。热成像检测可对设备进行无接触检测。由于信号设备均为持续运行的带电设备,因此,采用热成像检测模式对运行中的设备进行检测,既保证了信号工的人身安全,又可得到较为准确、全面的检测数据。城市轨道交通运营企业年检主要对所有在线运行设备进行检测、拍摄热成像照,查找设备过热隐患。检测数据由相关的通号部进行汇总和整理,在完成新一年的检测后将相关数据和历年数据进行比对,用于持续性监测设备的运行状况。

(二)系统自动测试

随着现代技术的发展,城市轨道交通信号系统也不断采用先进技术,部分信号设备具备了自我监测功能,随时能够显示自身工作状态,如果有异常或故障,信号设备能够给出报警提示。同时,为了更好地统一管理信号设备,各信号设备都留有相应的通信接口,把自身工作状态送到监测系统(微机监测系统)。因此,信号工不但能够利用信号设备自身的监测装置来查看设备工作情况,也能够利用信号集中监测系统来管理信号设备。

1. 设备报警系统

信号系统设备中,具有自我监测与报警的设备有智能电源屏、联锁设备、ATP设备等。信号工在进行设备巡检、设备检修时均可查看相关监测信息,从而了解设备的工作状态。如果相应设备有异常或故障报警时,信号工能够快速反应。

典型案例

> 某日某地铁站,L车场信号工按要求对所管辖区域的信号设备室进行巡视,巡视过程中发现计轴区段6-7DG、2DG发生报警,报警内容为6-7DG、2DG报进出轴数不一致,相对应的计轴点为JZ11号传感器1,计轴点变为紫色显示(正常为绿色)。
>
> 信号值班人员立即对室内计轴设备进行排查,检查室内计轴设备无故障,信号值班人员准备备品备件、工具材料后,按规定办理好入场计划进入轨行区排查处理JZ11号计轴点。经测试计轴点JZ11传感器1磁头电气参数判断为传感器磁头损坏。信号工更换计轴点JZ11号传感器1磁头后恢复正常。

2. 数据监测系统

信号集中监测系统是信号设备的综合集中监测平台,由各种服务器、终端、站机、采集设备、网络设备等组成。系统将网络通信、智能传感器、数字信号处理、现场总线、软件工程、大数据分析等技术融为一体,实现信号设备运用过程的动态实时监测、数据记录、统计分析、故障报警与预警,为信号部门掌握设备的实时状态、进行故障分析提供科学依据。

信号工可以充分利用信号集中监测系统来了解信号设备的实时工作状态,及时发现异常并维护设备,使信号设备工作在良好的状态,实现信号设备的"故障修"到"状态修",从而保证轨道交通运营的稳定、安全。

 典型案例

某日,某地铁 B 站一组道岔在现场操作员工作站(Local Operator Workstation,简称 LOW)机显示左位未转换到位,短闪为 LOW 机 B 类报警信息。信号工接调度报告后,立刻赶往车控室确认故障现象,联系行车调度员转换道岔,但故障未消除。信号工进入设备房查看微机监测曲线(图2-2-8),发现道岔电流曲线异常。根据微机监测曲线,结合 LOW 机报警信息,初步判断为室外故障。

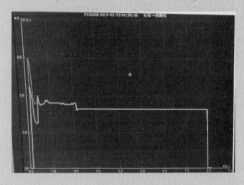

图2-2-8 道岔监测曲线

某日,某地铁 C 站运营前检查操作道岔定位挤岔报警,信号工进入车控室了解具体情况,后查看微机监测道岔曲线(图2-2-9)及缺口监测录像,初步判断故障原因为转换卡阻,信号工立即联系行车调度员随同车站人员下轨行区查看。

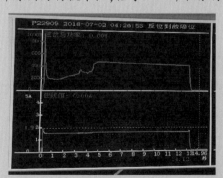 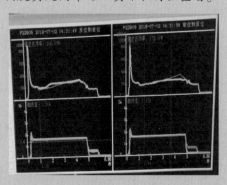

图2-2-9 道岔故障曲线(左)与正常曲线(右)

检查发现道岔定位侧L形铁轨腰处固定横螺栓断裂(图2-2-10),掉至滑床板上,造成道岔转换时卡阻无法转换到位。对螺栓进行更换,转换道岔试验设备正常。

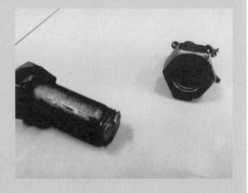

图2-2-10　断裂螺栓卡阻图片(左)与断裂螺栓图片(右)

四、巡检与养护

虽然各城市轨道交通企业没有统一管理标准,但却有相似的管理模式,信号工日常对信号设备维护作业也大同小异。信号工分布在不同的工班中,工班日常工作包括轨旁信号设备维护、正线信号设备维护、车辆基地信号设备维护、室内设备维护及车载信号设备维护。

(一)班组管理精细

1. 工器具管理

工器具是信号工的必备用品,当需要使用时,应该能够随时找到。班组工器具管理一般实行"当值使用当值归位"原则,工器具管理员负责监督管理。中央设备房配置备品备件及抢险工器具柜,其他各设备房(材料房)配备日常工器具,按班组工器具管理要求摆放整齐、整洁(图2-2-11),工器具管理员要定期检查或自查,确保工器具齐全。

2. 人员管理

企业的快速发展离不开基层班组的稳固建设,要在大环境下保持高效率的正点运行并经久不衰,需要班组对设备进行高质量的定期维护与管理。

某城市轨道运营企业的"两长五大员"制度是在企业规章制度约束下形成的班组管理制度,能够有效地管理班组成员,发展班组的潜力以及不断提高信号工对自我价值的认识,提升自身业务能力和岗位责任感,提高班组凝聚力和团队荣誉感,规范班组对人员的有效管理。

图 2-2-11　工器具摆放

"两长五大员"制度中,"两长"为工班长和工会小组长,"五大员"分为安全员、质量管理员、物资管理员、事务管理员、培训管理员,分别代表着不同的职责和岗位价值。

班组是企业的细胞,城市轨道交通线网好比人体的血液网,若细胞运输营养物质堵塞,血液流通就会受到阻碍,影响人体的正常运作。只有细胞不断壮大,信息流源源不断地输入新鲜血液,企业才能不断地向前发展。

工班长召开班组日常班前会并安排工作任务。班组安全员负责班组员工消防演练(图 2-2-12)。

班组培训管理员对班组进行月度培训,图 2-2-13 所示为某工班信号工在进行月度培训。

图 2-2-12　班组人员进行消防演练

图 2-2-13　班组人员进行月度培训

定期组织班组培训,培训计划切合实际,学员可以学到对生产有用的新知识、新技能。同时定期开展演练,通过演练能够熟练地掌握故障点的判断、分析与处理流程,有效提高故障响应及处理效率,从而增强团队间业务技能要求水平。对设备故障实行闭环管理,并建立相关台账,对频发故障重点关注跟踪处理(图2-2-14)。

图2-2-14　班级人员进行重点故障分析跟踪

(二)设备巡检精确

1.清扫注油

定期清洁信号设备卫生可以保证信号设备外观清洁、延长设备使用寿命,消除积灰或油污所导致电路故障等隐患。信号工在对信号设备进行巡检时,都会定期对信号设备进行清洁。除此之外,有些信号设备还需要进行注油,以保证各部件的润滑,比如道岔,通过对道岔各部件进行卫生清洁、注油,可以保证转辙机各部件的美观,延长设备使用寿命。注油可以增加各部件的润滑度,减少道岔因卡滞造成的故障,保证道岔正常运转。

道岔是担负着改变列车走行径路的重要基础设备。地下段的轨行区长期阴暗潮湿,灰尘较大,灰尘落在注油的部件上容易变成油污,日复一日地累积,极易造成杆件转换卡顿,摩擦力增大。高架段轨行区的正线设备受天气影响较大,特别是降雨容易冲刷道岔油润部位,转换杆件的油润程度会影响设备转换的平顺程度。

例如,转辙机在运营期间出现室外卡阻的故障,需要行车调度员调整行车间隔,批准抢修人员即刻进入轨行区,排除故障。凡是出现运营期间进入轨行区的情况,都将会对运营造成 10~15min 的晚点,若故障出现在早晚高峰期影响将会更大。因此,除去杆件断裂等不可抗力的外界因素外,要尽可能避免其他外界故障。认真、准时进行卫生清洁、油污去除、注油润滑,能最大限度减少因缺油或油污过厚导致的室外设备卡阻现象,在细节处提高设备质量,保证信号设备的正常使用。

对转辙机外清扫、注油的标准是对转辙机固定螺栓、角钢螺栓、尖轨尖端铁螺栓、第一连接杆与立式杆架连接螺栓除锈注油,如图2-2-15所示。

图2-2-15 道岔杆件清扫注油

对转辙机内清扫、注油的主要部位有注油孔、动作杆、动作板、表示杆、锁块、推板套底滑面与侧滑面、锁闭柱、速动滚轮、拉簧、启动片等。对传动齿轮组、滚珠丝杠组需清扫及加油。如图2-2-16所示。

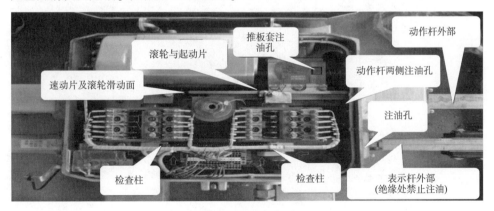

图2-2-16 转辙机部件注油

2. 外观查看

为了从根本上减少城市轨道交通安全运营隐患,准确无误完成检修任务,地铁公司都要定期或每天对相关信号设备进行巡检与查看,以确保信号设备工作状态良好。

1) 轨旁信号设备检查

ATC 以驾驶辅助系统(简称 SACEM 系统)为基础,每个主要设备站分布一个 SACEM 轨旁信号设备。在 SACEM 系统中,有关轨道占用和线路的信息是由轨旁信号设备负责管理的,轨旁信号设备将这些信息按既定格式编成一帧帧信息,通过轨旁至列车的传输系统传送至列车,车载设备接收到信息后,才能根据安全要求来确定驾驶指令,从而实现列车自动运行。

巡检作业时,板卡表示灯检查要"一丝不苟",目测检查信令接入单元(Signaling Access Unit,SAU)发送、接收表示灯工作应正常,如图 2-2-17 所示,各板卡灯位应正常显示。

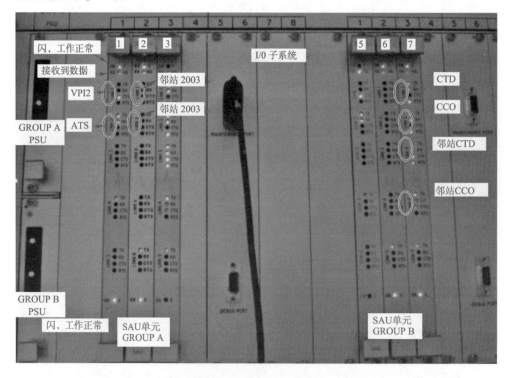

图 2-2-17 板卡指示灯状态

检修中,信号工要目测检查冗余管理板(REDMAN)上 CHANNEL-A、CHAN-

NEL-B、CHANNEL-C 的状态(图 2-2-18),确保数字同步,末尾数字无"1"。

图 2-2-18　代码检查

巡修作业完成后应做到料清、场地清,作业人员应撤离作业现场。

信号工为保证城市轨道交通运营安全,需对信号设备进行日常巡检与检修。采用标准化作业可规范作业流程,避免作业中产生纰漏,提高作业效率。例如,某轨旁班组对色灯信号机进行巡检作业,严格按照《色灯信号机维护作业指导书》所规定的工时进行作业。

巡检作业前需进行作业交底,作业中应通过 ATS 工作站查看信号机告警信息,填写《信号室内设备巡检记录表》。作业后需进行作业完成复查,维护人员撤离前需遵守工完料清、场地清的原则,最后作业销点。

2) 车载信号设备检查

编码里程计是 ATP/ATO 用来测量列车位移,推算速度和加速度的设备。它安装在每列列车两个方向的第二个转向架的第一根车轴上在一个固定距离内检测列车转动圈数,以计算出列车轮径,从而可以计算出列车的位移。图 2-2-19 所示为编码里程计。

在进行日常巡检时,主要进行螺栓外观检查,固定螺栓无裂纹、无变形,防松标记应齐全。连接器、插座内插针检查,目视连接器、插座内插针,插针应无氧化、无断裂、无缩针现象,拍照存档。检修作业完成后应料清、场地清,作业人员应撤离作业现场。

图 2-2-19　编码里程计

3)中央信号设备巡检

列车自动监控系统又称 ATS 系统,是 ATC 的一个子系统,负责对全线列车运行实施自动监控。ATS 系统是整个地铁信号系统的指挥中心,主要任务是对线路中全部列车的运行状态实施监视和控制。

服务器作为 ATS 系统的核心设备,包含硬件和软件两部分。正确地维护和使用可以降低故障的发生概率,确保 ATS 系统正常运行,为城市轨道交通行车指挥提供正确、及时的依据。需检查网络端口,用手触碰机箱风扇口,确保风扇转动无异声。检查电源指示灯应正常,检查软件程序能正常开启。

3.安装调整

在城市轨道交通信号设备的巡检作业中,需要定期对相关信号设备进行安装与调整,使其工作状态良好,如计轴磁头、转辙机、信号机、车载传感器及相关的机柜和服务器等。

计轴系统的原理是基于比较驶入和驶出所监视轨道区段计数点的轴数,以此确定该区段的状态是占用还是空闲,它是检查轨道区段、道岔、道口防护区段占用或空闲状态的安全设备。需定期对轨旁计轴设备进行维护,调整感应高度,以确保计轴磁头状态良好,降低计轴故障概率。

信号工需确认转辙机和安装装置各零部件安装正确、齐全,各部位螺栓紧固、无松动且具备防松功能,开口销齐全,各固定螺杆丝扣调整余量不得小于 10mm。密贴调整杆空动距离要满足要求。各部绝缘及铁配件安装正确,无遗漏、无破损。安装装置基础角钢的规格应符合设计要求,角钢平直,无毛刺、无飞边,热浸锌均匀。

测速电机与车辆轮对通过舌片进行刚性连接,跟随车轮运动方向和速度同步转动,两个测速电机安装在列车 A 车 1 轴 4 号轮对和 4 轴的 2 号轮对处,可有效避免共模故障导致的误差。车载 ATP 计算机采集两个测速电机的转动的圈数信息与系统内保存的轮对直径进行连续的距离测量,当测速电机安装错误或故障时将导致车载 ATP 计算机安全关断,直接影响列车正常运营。因此,测速电机的安装工作必须认真、仔细,安装前需对舌片情况进行检查,安装时确保与电缆连接牢固、位置正确、力矩标准,安装后需检查电缆情况。

(三)综合养护精准

1. 细测量精调整

"细测量、精调整"已经成为城市轨道交通信号工日常检修模式,通过测量、调整,达到消除设备隐患、提高设备检修质量、保障行车安全的目的。

"细测量、精调整"好比一剂强心针,为设备质量提供安全助力。"测量"是指利用特定的仪表、工器具对检修的设备部件进行测量,确保设备参数在标准的范围之内,有助于提高作业人员发现问题的能力;"调整"是指借助特定的工器具,对设备参数超过标准范围的设备进行调整,使其设备参数在标准范围内,设备能够正常运转。

2. 能调阅会分析

"能调阅会分析"是城市轨道交通信号工进行日常、突发事件检修基本技能之一。通过调阅与分析,初步判断故障、异常设备的位置或范围,然后通过现象与设备报警信息快速分析故障原因,从而尽快完成故障恢复。它不仅增强了信号工快速判断的能力,还大大提高了信号工的分析能力,保障了城市轨道交通运营安全。

"调阅"是城市轨道交通信号工通过查看相应的信号设备监测信息、报警信息等。"分析"是城市轨道交通信号工综合信号设备故障现象、监测报警信息来初步作出故障原因或故障范围的判断。

典型案例

某日,某地铁某线路道岔发生挤岔报警。信号工调阅微机监测,查看故障时微机监测道岔功率曲线(图2-2-20),通过查看确定 X 道岔定位挤岔报警。发现故障时 X 道岔转换3.96s后功率降为0,初步判断为1DQJ自闭电路故障。

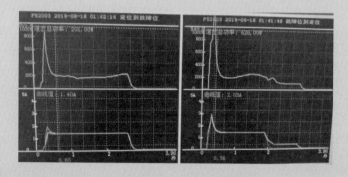

图2-2-20 微机监测道岔功率曲线

信号工在现场故障排查时,经过道岔来回试验,观察室内继电器组合,发现BHJ(保护继电器)未动作。测量断相保护器输出电压为8.45V(正常工作电压应大于16.8V,图2-2-21),输出电压(BHJ励磁电压)为偏低,即判断断相保护器故障,由于BHJ无动作致使1DQJ无法自闭。

图2-2-21 断相保护器更换前输出电压图

第三节　信号设备故障分析

当信号设备出现异常或故障时,为了使其对城市轨道交通的影响降至最低,信号工要快速完成对信号设备的检修,从而找出异常或故障所在。这个过程中不仅存在人与人的沟通,也存在人与设备的"沟通";信号工通过设备外表检查、监控信息查看、参数测量以及数据分析等,再结合故障设备呈现的现象,从而追本溯源,透过现象看故障原因。

一、了解设备故障现象

信号设备出现异常或故障时,将呈现出一定的故障现象。因此,信号工在进行信号设备恢复操作前,一定要了解异常或故障现象,根据故障现象判断故障范围与原因。因此,沟通故障现象显得相当重要。信号工检修设备前,主要与行车调度人员和车站值班人员沟通。

(一)与人员的沟通

1. 询问使用情况

一般情况下,信号设备是在使用过程中出现异常或故障的,通过询问相关使用人员,了解异常或故障设备的使用情况,以便判断是人为造成破坏还是设备自身出现问题。

某日,某地铁信号正线工班值班员接到行车调度员电话,11号线C—D站某计轴区段显示棕色光带,后又变为粉红光带,出现异常。经过与行车调度员及车站值班员沟通,信号工了解到其原因是行车调度员在未确认车站对切除区段进行预复位成功且在列车通过切除区段的情况下,对该计轴区段进行"确认计轴有效"操作,导致切除区段由棕光带转为粉红光带(图2-3-1),相关进路不能排列、信号不能正常开放。

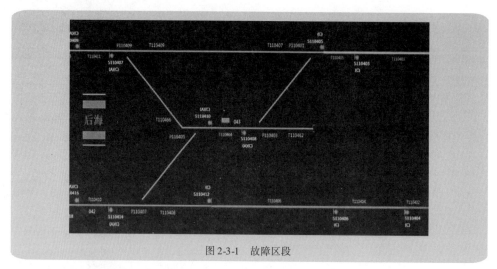

图 2-3-1　故障区段

2. 询问故障现象

故障现象是城市轨道交通信号工初步判断故障范围与故障原因的重要依据，通过了解故障现象，可以帮助城市轨道交通信号工快速了解设备工作状态及设备故障情况。

某日，某地铁 B 站信号值班人员接 A 站信号值班人员电话通知，B 站管内出现红光带、现地控制工作站上站名闪烁。经与车站值班员沟通，信号工了解到当日联锁系统下达了转动指令，并出现主备系统通信中断；当联锁主备系倒机时，车载 ATP 自动重启，致使 B 站管内出现红光带。

当信号工收到信号设备故障报告时，首先要了解的就是信号设备的故障现象，因为不同的故障现象是由不同的故障造成的，只有清楚地了解故障现象，信号工才能作出基本的判断，对故障设备心中有数。

（二）查看设备现象

查看设备就是到设备现场查看设备的具体现象。信号工与相关人员沟通后，要进一步了解故障现象，需要到现场查看设备。通过查看信号设备状态，对故障设备进行操作,从而确认信号设备故障现象。

1. 查看状态

信号设备工作状态良好时,各项功能正常、状态指示灯显示正常,且无报警等。而当信号设备出现故障时,设备的功能可受到影响,无法完成相应功能,设备的状态指示发生变化。如信号机灭灯、显示错误、显示距离不够;轨道电路无法检查列车占用;道岔转换不到位、无表示等。信号工通过观察信号设备的状态可以快速缩小信号设备的故障范围。

典型案例

某日,某地铁 A 站综控员报"A 站上下行站台门互锁解除无效"。接到报告后,信号工带齐工具备品赶往 A 站。沟通后,信号工到 A 站综控室查看控制台显示状态,与综控员了解现场故障过程,并进行相关登记,立即赶往信号机房查看设备状态,到达机房后,发现机房内输入输出操作(INOM2)板在非正常状态,判断是 INOM2 板故障。

2. 操作设备

信号设备故障类型繁多,部分故障信号工通过故障现象初步判断故障范围后,通过外部观察即可找出故障的具体原因,而部分故障则需要进一步对设备操作来判定故障原因。如出现道岔操作不到位故障,信号工只能判断出是动作电路出现故障,而动作电路不但涉及室内的继电器电路,还涉及室外转辙机的机械及电气、道岔状态等,所以信号工要通过对道岔进行操作来进一步缩小故障范围。

典型案例

某日,某综合维修部值班人员接综控员报某站某道岔无表示。信号值班人员携带抢修工具赶往综控室确认故障现象为该道岔无表示,联系登记后进入信号机房。经过联系,车站值班员操动该道岔,初步判断为室外表示电路故障。

某日,某地铁 A 站,信号工经批准后,请综控室连续扳动道岔试验,室内观察发现18号X1道岔DBQ断相保护器工作灯不亮,确认该故障点在18号X1道岔,故障现象变化为启动电路故障,通过在搬动道岔过程中各继电器的动作情况,很快判断故障为1DQJ的自闭电路。

二、检测判断故障原因

城市轨道交通已成为人们日常出行的首选交通方式之一,若信号设备故障难以迅速排除,将对乘客出行造成极大影响。因而,要求信号工能第一时间能够检测出信号设备故障所在,快速处置故障。

信号工在对故障的信号设备进行故障排除时,检测故障方法主要有观察、测试、分析等。

(一)观察故障设备

观察指的是信号工通过查看故障设备的外表、指示灯、周围以及信号监测系统的参数,从而进一步缩小故障范围或找出故障原因。

1. 看有无异物

异物是指不属于信号设备内、旁的物体。道岔处影响道岔设备正常工作的石头、树枝等,室内信号设备机柜内的灰尘,室外电缆路径进水等,都认为是异物。

典型案例

某日,某地铁线路,信号工接到综控员报"某站×号道岔无表示,道岔显示四开"。信号工赶赴现场,并报维修调度员。信号工多次联系综控员进行道岔往返搬动试验,得到回复"无定位表示有反位表示,列车已经走×号道岔反位变通进路运行"。信号工调取电流曲线记录,发现电流曲线(图2-3-2)不正常,判断为室外故障。

经行车调度员同意,登记后,信号工进入现场。随即对外锁装置进行检查,发现外锁闭框与锁钩、外锁闭杆凸台与锁钩间有异物(杨树枝、杨树屑),现场清理外锁装置。当列车过后开盖检查机内正常,再次联系行车调度员对道岔搬动试验,往返搬动多次,设备都能正常转换到位。试验好后,进行销记。

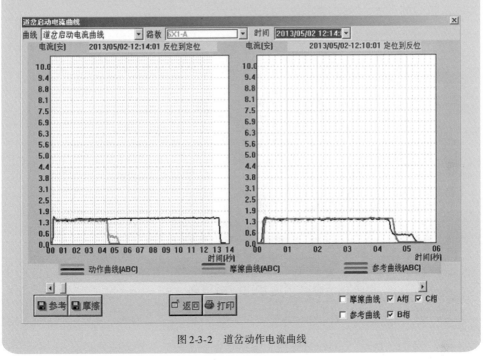

图 2-3-2　道岔动作电流曲线

2. 看有无器件损坏

很多信号设备是由电子电路构成并实现其功能的,电子电路中包含大量的电子元器件,如果电路中的元器件损坏就会造成信号设备故障。同样,也有信号设备是机械类,如转辙机,其内部由很多机械部件构成。当信号设备故障时,信号工要认真观察,检查板卡或机械部件的表面,看是否有器件损坏。

某日,地铁×号线×站值班人员接报×站某道岔定反位失表,道岔未动作到位,进路无法排列。经申请,信号工下线路查看道岔设备。经检查,发现该岔前机安全接点连接杆上开口销断裂,造成连接杆脱落后卡阻摩擦连接器齿轮,导致道岔不动。

某日,某地铁×站信号值班人员接调度通知,×站出现信号机热丝报警故障。经过信号工的初步分析与判断,把故障锁定在该信号机驱动回路。查看各接线端子、绝缘线、继电器焊点以及安全型双断输出板(VOOB)板卡,最后发现为该板卡内部电容器件烧焦所致,如图2-3-3所示。

图 2-3-3　损坏元件

3. 查看监测数据

信号集中监测系统是重要的信号设备,是信号维修技术的重要突破,是信号设备实现"状态修"的必要手段,是保证行车安全、加强信号设备结合部管理、监测信号设备状态、发现信号设备隐患、分析信号设备故障原因、辅助故障处理、指导现场维修、反映设备运用质量、提高信号部门维护水平和维护效率的重要行车设备。信号集中监测系统实现了故障预警和故障诊断,成为信号设备的综合监测平台。

此外,车载信号设备、中央信号设备、联锁设备、智能信号电源屏等设备自身具有监测功能,可以与信号集中监测系统通信,把自身监测到的数据发送到信号集中监测系统,由集中监测系统集中管理。信号工可以通过查看信号设备、信号集中监测系统记录的数据,掌握信号设备的工作状态。当这些设备出现异常或故障时,信号工通过调阅监测数据,为故障原因分析提供依据。

第二章 城市轨道交通信号工的职业使命

> 某日，某地铁×站，发现某道岔反位发生挤岔报警，连续操作转换设备恢复正常。信号工在室内检查该道岔组合单元时，发现 BHJ 继电器第三组接点有明显烧黑毛刺，初步判断为继电器瞬间接触不良。根据现场检查 BHJ 接点情况及道岔转换曲线分析，确认了 BHJ 第三组接点接触不良，导致 1DQJ 不能自闭，道岔转换约 1s 左右因 1DQJ 不能自闭落下而停止转换。

（二）测试设备参数

信号设备的故障通过"看"，能够进一步缩小故障范围或发现故障原因，但设备中的部件、元件等的位置、参数等微小移动、变化是无法"看"出来的，如果是由这些原因导致信号故障，就有必要进行相关的测量。测量的内容有力、电压、电流、电阻等。

1. 测力

转辙机是指用以可靠地转换道岔位置、改变道岔开通方向、锁闭道岔尖轨、反映道岔位置的重要的信号基础设备。转辙机的状态直接关系运输的安全，因此，对转辙机的功能与质量应有足够大的转换力，在解锁状态下，能带动道岔尖轨转换位置。转辙机动作的过程不仅带动道岔运动，还要克服相应的摩擦力，如果转辙机的转换力不足或摩擦力过大，都会影响转辙机的正常工作。

> 某日，某地铁×站，信号值班人员接调度员报告：4号道岔反位发生挤岔报警，约15s后报警自动恢复，后续又多次出现此情况。信号工查看采集记录显示道岔反位表示正常所用时间为14s。当天运营结束后，信号工检查了该转辙机的转换过程，经测转换力正常、摩擦力输出不稳定，更换转辙机后，故障恢复。

2. 测电压/测电流

城市轨道交通信号设备在正常工作时，电参数值都满足一定的范围。信号继电器的额定值是满足继电器安全系数所必须接入的电压或电流值，AX 系列继电器的额定电压为直流 24V；信号机输入电压交流 220V，而内部灯泡额定电压交流 12V；交流转辙机额定电压 380V；相敏轨道电路轨道电压交流 220V，局部电压交流 110V；车载信号设备输入额定电压直流 110V 等。如果信号设备的工作电压或电流不在允许的范围内，都将对信号设备造成影响，甚至出现故障，从而影响城市轨道交通运营效率与安全。信号工能够对故障设备进行电压、电流等参数进行测量，通过测量结果来分析判断信号设备的工作情况。

典型案例

某日，某地铁×号线 L 车场信号工班接生产调度通知某列车在 A 站下行人机界面（Human Machine Interface，HMI）黑屏。列车回库，信号工上车处理故障。信号工对 HMI 电源电压进行测量，经测量 649 列车 HMI 电源电压正常（DC 110.6V）。信号工判断为 HMI 硬件故障，更换 649 列车 TC1 端的 HMI 并装载软件后恢复。

某日，某地铁×号线 C 站，信号工接生产调度电话通知 C 站 P1901 道岔双闪故障。C 站信号工到达车站控制室，确认 C 站 P1901 道岔"单闪"故障，在车站控制室进行登记后向行车值班员申请对 P1901 道岔执行"挤岔恢复"和"转换道岔"操作。经行车调度员同意，在不取钩锁器情况下信号工对 P1901 道岔执行"挤岔恢复"操作后执行"转换道岔"操作。经"挤岔恢复"和"转换道岔"操作后，P1901 道岔右位表示恢复。信号工回复生产调度 P1901 道岔右位表示恢复，具备大交路运行条件，并上报相关情况。信号工加强 C 站值守，并办理夜间排查作业计划。次日，对 P1901 道岔进行转换动作电流测试（图 2-3-4），测试数值正常，转换时平均值小于 2A、最大值为 3.5A。检查中发现 P1901 道岔室内防雷模块存在异味，对 P1901 道岔室内 POM4 板卡、防雷模块进行更换处理。道岔故障处理完毕，试验正常，销点并交付正常使用。

第二章　城市轨道交通信号工的职业使命

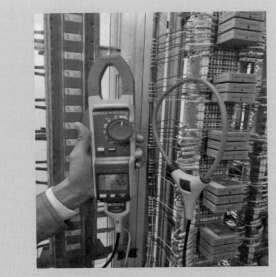

图 2-3-4　夜间排查测试道岔动作电流最大值在 3.1~5.5A 范围内

3. 测元器件

元器件的好坏直接决定信号设备的好坏,当某个设备故障时,很难直观判断出是内部元器件损坏,必须通过对该设备进行检查与测量,特别是一些关键元器件。如电阻、电容等元器件,这些元器件在工作过程中,受自身或外部环境温度等因素的影响,参数可能会产生漂移,参数变化过大就出现故障;还有一些元器件发生短路、开路造成信号设备出现故障。信号工应同样能够对这些元器件进行测量,判断出是哪个元器件损坏。

典型案例

某日,某地铁×站,信号值班人员接报该站某道岔挤岔报警。信号值班人员查看微机监测道岔电压实时值,未发现异常,查看道岔功率曲线及电流曲线,发现界面显示该道岔由定位转换到反位时,未采集到道岔功率及电流曲线。室外信号工检查室外道岔设备,未发现异常。联系行车调度员操动道岔试验,室内信号工观察道岔继电器动作时序,发现该道岔的 1DQJF(1 启动复示继电器)未立即吸起。在行车调度员同意后更换1DQJF,联系行车调度员多次操动道岔,设备恢复正常,初步判断为1DQJF性能下降。测试换下的1DQJF的线圈电阻值:1-2线圈阻值为240.1Ω(正常值为240Ω),符合参数要求,3-4线圈阻值为无穷大(正常值为240Ω),不符合参数要求。将换下来的1DQJF送往电子工厂检测,1DQJF检测结果异常。

(三)分析故障原因

故障分析指诊断信号设备的故障原因,依据信号设备故障现象、设备参数变化结果等,通过知识与技能运用来判断信号设备故障的原因,进而对故障进行修复,保证地铁正常运营。

某日,某地铁线路,信号工接通号调度报告001次001车司机报在某线换端后司机显示器(Train Operator Display,TOD)面板显示ATP、ATO 1/2故障。车载值班人员查看ATP监测工作台(CFMS)数据分析(图2-3-5),数据显示列车换端后始终使用A机主控(正常列车上行为B机主控)。

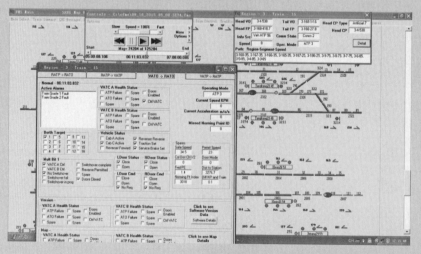

图2-3-5 查看CFMS数据

典型案例

为避免列车在高峰期处理故障可能对后续列车运行造成影响,已通知行车调度员组织列车下线处理。通过对轨旁 CFMS 数据分析,庞巴迪车载(VATC)系统正常情况下列车进入该线停稳后,司机激活 TC2 端主控钥匙,应为 B 机主控,但图中显示主控仍为 A 机主控,表明此时 B 机存在故障。

对便携式数据采集器(PTU)数据进行分析(图 2-3-6),该车 B 机 PTU 数据报警信息显示"故障代码 53"(ATP 通道 1 与 ATP 通道 2 车尾 VO 计算值不一致)。

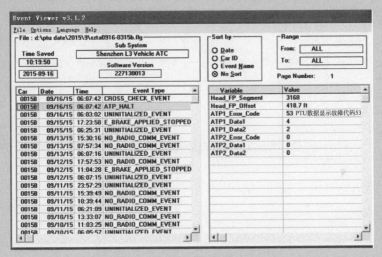

图 2-3-6 B 机 PTU 数据报警信息

综合以上数据分析:PTU 显示"故障代码 53"是由于列车进入该线停车后,司机激活 TC2 端主控钥匙,B 机检测到列车 ATP 通道 1 与 ATP 通道 2 车尾 VO 计算值不一致,导致 B 机故障,TOD 显示 ATP、ATO 1/2 故障。

第四节 信号设备故障排除

城市轨道交通信号设备的日常运营生产中,随时都有可能出现故障或异常情况,城市轨道交通信号工在检测出信号设备的故障或异常原因后,要及时对信号设备进行针对性的维修。对信号设备进行维修的方法有很多,如设备或零部件的调整、安装、更换、线缆的重制等,通过对信号设备故障的恢复,使信号设备工作状态良好,从而保证城市轨道交通运营时效与安全。

对运营安全或时效影响较大的故障,需要城市轨道交通信号工对故障设备进行应急处理,快速实现故障恢复,保证城市轨道交通运营正常有序。

一、处理故障,恢复设备功能

城市轨道交通信号设备主要包括轨旁信号设备(如信号机、转辙机、轨道电路、计轴器、电源、联锁设备等)、车载信号设备(如车载 ATP、车载 ATO、速度传感器、HMI 等)、中央信号设备(如 ATS 等)。这些信号设备出现故障,会对城市轨道交通运营造成不同程度的影响,作为城市轨道交通信号工,不但要求能够判断出故障原因,还要具备相应的故障处理能力。

(一)调机械换部件

在信号设备中,有部分信号设备出现故障是由其机械部件造成的。当检测出是机械部件造成的故障时,信号工要对该设备的机械部件进行调整,或是进行更换。这类轨旁信号设备有信号机、道岔、转辙机、计轴、信标等。

1. 机械调整

道岔转辙机维护是信号工维修的重点和难点,其状态的好坏直接关系列车的正常运行。当道岔出现解锁困难故障时,就要对密贴力进行调整。在满足尖轨与基本轨密贴的前提下,对密贴力进行调整,不但可以解决解锁困难的故障,还可以解决道岔转换不到位的故障。如果出现无表示的情况,在确认是转辙机机械故障时,就可能要对表示杆进行调整。调整表示杆缺口要符合规定,保证表示杆连接部位的松旷量不超标。

典型案例

某日,某地铁×站,P10402 道岔左位未转换到位,多次操作后恢复正常。信号工查看 LOW 机显示 B 类报警,信息为:A 站 Point P10402 S21 左位未转换到位;断开控制电流。信号值班人员前往信号机械室查看道岔 WESTE 板工作状态,板卡无位置表示。信号值班人员查看 P10402 道岔电流启动曲线(图 2-4-1),发现故障时 P10402 道岔电流曲线动作时间约 8s,初步判断为室外故障,且道岔启动电流曲线正常完成转换约 5.5s,进一步确定为室外机械卡阻导致转换不到位故障。值班人员准备室外抢修工器具,与车站人员共同请点进入轨行区查看设备。信号工到达 A 站参与抢修,检查左位锁钩无法正常完成锁闭,锁钩存在偏紧现象,现场取下 0.5mm 密贴调整片后恢复正常。次日,联合轨道专业利用作业点对 A 站 P10402 道岔进行现场设备状态检查,工作良好,将故障抢修时取下的 0.5mm 密贴调整片复原测试,故障未重现,但锁钩存在偏紧现象。后取下 0.5mm 密贴调整片,检查锁钩松紧适度,道岔转换平顺。

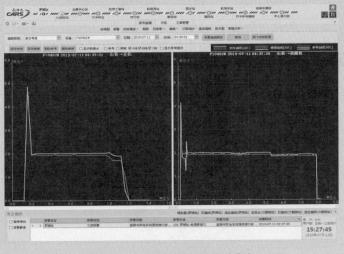

图 2-4-1　P10402 道岔电流启动曲线

2. 位置调整

信号机是城市轨道交通信号的轨旁基础设备,城市轨道交通系统以车载信号为主体信号,正线区段基本不设信号机,只有在道岔区段、进出站等地方设置地面信号机。对信号机显示距离有一定要求,行车信号和道岔防护信号应不小于 400m,调车信号和道岔状态表示器应不小于 200m,引导信号和表示器应不小于

100m。所以，当信号机显示距离不足时，一方面确保输入电压满足要求，另一方面要对信号机进行调整，通过调整使信号机显示距离达到要求。

在城市轨道交通线路中，每个区间（两个车站之间）可以划分为若干个轨道区段，在每个轨道区段的开始端及结束端安装计轴设备，用来监测每个轨道区段的占用状态。城市轨道交通行车密度大，而计轴是安装在钢轨上的，计轴会因钢轨的振动受到影响，如感应磁头发生偏移，可能导致计轴工作状态变差，影响计轴功能。

典型案例

某日，某地铁×号线×站，信号值班人员接调度报：×站T51372、T51312区段棕光带。信号值班人员查看×站机械室计轴设备板卡状态，板卡上显示预复位成功。查看计轴监测终端数据发现计轴磁头AC513722磁头计入轴数只有23轴，与正常轴数相比少计1轴，初步判断该故障为室外磁头AC513722故障。待运营结束后，凌晨对T51312、T51372区段故障原因查找，经测试AC513722的SII感应高度为36.6mm（超出标准范围43.5~44.5mm）。更换后划轴调整后试验，设备正常。

3. 功能修复

每种信号设备都完成一定的功能，当信号设备连接电缆、通信线路发生断线时，信号设备将不再工作或不能实现其功能。

典型案例

某日，某地铁×号线×车站，发生12号道岔定位失表故障。信号工与运营人员一同下线查看设备，道岔可以正常操动，密贴和缺口正常，操动道岔一个来回，道岔表示恢复后又再次失表。信号工根据测量结果判断为室外开路。信号工下线路一一查看HZ24配线盒及转辙机内部配线，发现HZ24配线盒内连接到二极管连接的配线折断。重新更换二极管配线后，×车站12号岔恢复正常。同时信号工发现12号道岔连接二极管的线缆易断，存在运营安全隐患，对12号道岔二极管连接线更换成多股软线(图2-4-2),并检查密贴、缺口和油压都在正常范围内,设备恢复正常。

图2-4-2 更换配线盒中线缆

4.部件更换

对于可替换的设备故障,信号工需尽快确定是哪个设备或部件发生了问题,并使用库存的备品备件对故障设备或部件进行更换。

 典型案例

某日,某地铁×站,信号值班人员接车站控制室电话:P2303号(道岔)闪烁,影响×站列车折返。信号值班人员前往车站控制室确认状态,前往设备室查看情况、测试故障数据,判断为室外故障。进入道岔区后发现故障为:动接点断裂故障,更换动接点,如图2-4-3所示。故障修复后,清点工具,向行车调度员销记。

图2-4-3 更换转辙机动接点

5. 元件更换

地铁信号系统电路中采取了许多安全措施,但并不能做到万无一失。设备在长时间使用中,由于连接导线、元件、器件的性质功能产生质量的差异,焊接、安装质量及使用条件,维修水平和自然界客观因素影响等,都有可能产生故障或影响信号设备正常工作。在确认设置中的某个元件故障或损坏时,信号工应及时更换元件,并对信号设备进行试验,保证更换元件后,信号设备故障恢复。

典型案例

> 某日,某地铁×站,行车值班员发现×站5号/7号道岔定反位均失表。信号工进入×站信号机房检查室内设备情况,信号工道岔单操定反位时能动作,启动电路正常,判断为表示熔断丝断。更换7B机0.5A表示熔断丝,表示恢复。

(二) 调参数复功能

在整个城市轨道交通信号系统工程中,信号系统的调试工作是一个非常重要的环节。在信号系统出现电气故障时,信号工应快速对信号设备进行处置,可以通过参数调整电气、更换板卡、接续线缆等方法手段来保证电气参数恢复标准范围内。

1. 参数调整

信号设备有多种,如信号机、转辙机、计轴、ATC三大子系统等,涉及的电气参数也有很多,如电压、电流、频率等。目前国内城市轨道交通正线转辙设备主要使用三相交流转辙机,如电动ZDJ9型、S700K型和电液ZYJ7型,停车场或车辆基地多使用直流电动转辙机,如ZD6型。当转辙机出现电气故障时,需进行道岔的电操调整试验,主要调整转辙机的动作电源的电压以及影响转换力的动作电流等。LED信号机监测发光盘电压与电流、计轴设备监测感应电压与频率。当信号设备这些参数不在标准范围内时,信号工能够调整电气参数,使其工作在标准范围内,保持信号设备工作状态良好。下面以计轴设备为例。

第二章 城市轨道交通信号工的职业使命

某日,地铁×号线A车站上行G02E、G04E计轴受扰,G04E就一直处于紫光带占用状态,影响该区段列车CBTC模式运行。当G04E处于紫光带占用状态时,系统逻辑判断G04E是有非通信车存在,导致与其相邻的G02E也紫光带占用。

信号工到达现场并进入机房查看设备,更换AC02E放大滤波板后,调整放大滤波板电压在规定值范围内。更换室内AC02E防雷模块、室外磁头和室外轨道箱电路板,检查外部轨道磁头固定良好、电缆铺设良好,测量磁头AC02E的电压和频率后,设备恢复正常。经确认,计轴区段G02E、G04E状态正常,联系行车调度员确认计轴有效。行车调度员确认计轴有效后,计轴故障恢复正常。

2. 板卡更换

信号设备的板卡一般安装在信号机柜内,车载信号设备的板卡在车载机柜内。当信号设备板卡故障时,为降低对城市轨道交通运营的影响,一般需要及时更换板卡。信号车载设备板卡故障,无法正确处理ATO/ATP数据,造成冲标、欠标。车载板卡故障一般不能自动恢复,需线上重启,重启仍无法恢复,应立即申请此故障列车退出服务,线下更换故障板卡。

某日,某地A—B站下行区间,信号工接报076车HMI显示ATP故障,该车清人入某库线,信号工联系确认登记后进入库线,上076车了解故障情况并查看设备状态,发现ATP组匣无法启动。列车回库后,信号工上车下载日志分析,确认为SV5板故障后板卡内部短路,更换后进行试验,确认故障已恢复。

3. 线缆维护

地铁信号是地铁运营安全的重要组成部分,光缆、电缆实现信号各种设备之间信息、电源相互传递,光缆、电缆一旦发生设备故障会对信号设备造成大面积影响。

对光缆、电缆的维护,包括线缆敷设、接续等。

某日,某地铁信号D站车载工班值班人员接通号调度报:02809次330车在C—D站下行区间,T32001区段零速打叉,DU屏显示通信故障,司机RM模式(受限制的人工驾驶模式)出清后消失。信号工对轨旁数据、列车数据进行分析,均有列车运行过程中通信丢失情况。信号工对A机相关线缆进行校对,发现线缆有接触不良现象,更换相关水晶头后故障现象消失。

4. 通信修复

信号设备接口众多,如车载系统与车辆接口、站台与站台门专业接口、道岔与工建专业接口等,接口故障是通信故障内容之一,一般需要信号工与机电检修员共同处理。站台门不能联动,即车载系统发送开门信息,但站台门没有打开,属于接口故障。又如列车冲欠标,即自动停车时车门与站台门位置对不准的问题,也属于信号与车辆的接口问题。

CBTC无线信号丢失是较为常见的故障,故障概率高。无线信号丢失故障产生之后,列车本身会因丢失定位而不能正常运行,进而造成紧急制动,列车的级别会相应降低,由CBTC级别降低到点式后备或者联锁级,甚至只能在RM模式下运行,速度控制在25km/h之内,进而导致列车晚点,极大地降低了列车运行效率。无线信号丢失产生的原因较多,其一为无线接入点(Access Poin,AP)点比较少,离AP点比较远的股道上的列车不能收到连续稳定的无线信号,不能建立稳定的网络连接从而造成无线信号丢失。相对于地下车站,高架车站无线信号的干扰因素比较多,也较容易造成无线信号丢失。其二为AP天线衰耗大,丢包率比较高,造成无线信号丢失。CBTC定位丢失故障分为轨旁无线通信系统故障和车载网络故障,如果多列车在车载系统设备功能均正常的情况下在同一地点发生定位丢失故障,则可判断为轨旁无线通信系统故障,调度员应立即通知信号工对轨旁无线通信系统设备进行检查和无线场强测试。如果故障集中体现在个别列车上,故障地点比较随机性,则基本可判断为个别列车车载网络故障,车载信号工应全面检查列车上的

DCS 网络设备和各板卡,通常正线运行的列车由于车载设备运行异常导致列车定位丢失而不能及时恢复的,司机可先启动降级模式(即人工驾驶模式)保证列车能继续运行,再快速重启信号车载设备。

典型案例

> 某日,某地铁信号值班人员接通号调度报:01210 次 361 车在 A 站上行进站时,信号屏跳闪车地通信故障,随后恢复。值班人员在线查看数据,数据显示:B 机主控,车地通信故障打钩,随后恢复。通知信号正线三工班查看 WNRA 状态,正线三工班回复 WNRA 接发数据正常。通过对 PTU 数据与 CF 卡数据分析,确认为 361 车 B 机硬件故障。

(三)护电源保供电

信号系统中的电源设备,就像是人类身躯中的血液不断为各个子系统提供澎湃的动力,一旦电源设备故障,将可能导致全站信号设备失电或管辖联锁区内信号设备无法正常工作,严重危及运营安全。当市电中断时,UPS(Uninterruptible Power Supply,不间断电源)还能立即将机内蓄电池直流电通过逆变器转换为 220V 交流电,供给负载维持正常工作,以此保护负载软硬件不受损坏。UPS 设备作为信号系统电源设备的组成部分,为其能正常工作,对其进行维护和检修作业显得极为重要。

1. 电源屏维护

铁路信号智能电源屏是向铁路信号设备提供能源的装置,采用先进的计算机、通信、网络、微电子和功率电子技术等高新技术研制成的新型智能电源系统。智能电源屏一般把多种电源综合在一个系统中,以满足不同种类的信号设备对供电的需求。电源屏故障时,处理的一般步骤是:查看告警信息;根据故障内容,对故障进行核实;根据故障内容和实际情况,积极消除故障隐患,保证设备的安全运行;记录故障系统编号、故障部件编号、故障现象,填写维修单据。

信号电源屏的常见故障有输入切换类故障、电源模块类故障、系统配电类故障以及系统监控类故障。信号工在处理电源屏各类故障时,根据故障情况采用不同的处理方法。如果电源模块自身故障，信号工则直接更换故障模块，并送故障模块返厂维修。

 典型案例

某日，某地铁 ATS 值班人员发现电源屏监控机发出报警声音，经查看发现×站有通信中断告警，无法监控到×站电源屏和 UPS 的相关状态信息。正线二工班信号值班人员接报故障后，立即前往×站信号设备房查看设备情况，检查发现电源屏无任何报警声音、故障灯灭灯、监控单元无任何显示且电源指示灯灭灯。将电源屏后方的挡板拆下，发现给监控单元供电的两块 24V 辅助电源板上 D1（GOOD 灯，表示板卡电源输入正常）、D2、D3、D4 灯（三路输出表示灯）均为灭灯状态。用万用表测量 24V 辅助电源板上的熔断丝电流(5A)，发现左边的 24V 辅助电源板上输入端 2 个熔断丝和右边 24V 辅助电源板输入端 3 个熔断丝被烧坏，初步判断为熔断丝烧坏所导致的故障。更换熔断丝后，瞬间有电火花产生并伴有轻微的焦味，两块 24V 辅助电源板没有恢复正常，判断为 24V 辅助电源板卡自身的问题。将两块 24V 辅助电源板换下，发现两块板卡均有被烧坏的痕迹（图 2-4-4）。更换上第一块 24V 辅助电源板时监控单元便恢复正常，试验良好。

图 2-4-4 故障的电源板内部

2. UPS 维护

UPS 是一种含有储能装置，以整流器、逆变器为主要组成部分的稳压稳频的现代化电源装置，具有隔离干扰、频率变换以及无间断切换等功能，广泛应用在城市轨道交通建设系统中，包括全线范围内控制中心、车站、车辆基地等的通信系统与监控系统的供电，以及信息管理系统在控制中心和车辆基地的数据机房的供电。

UPS 的作用是在外界中断供电的情况下，及时给计算机等设备供电，避免通信中断、重要数据的丢失和硬件的损坏。然而在使用 UPS 作为保护其他对象的同时，

其 UPS 电源本身往往也会发生一些故障，如果 UPS 发生了故障，就无法为负载提供保护功能。

如 UPS 开机后，面板上无任何显示，UPS 不工作。从故障现象可以判断故障范围，信号工需要检查市电输入熔断丝、蓄电池熔断丝是否烧毁。这是因为某些 UPS 当自检不到蓄电池电压时，会将 UPS 的所有输出及显示关闭。若蓄电池熔断丝完好，检查市电检测电路工作是否正常；若市电检测电路工作不正常且 UPS 不具备无市电启动功能时，UPS 同样会关闭所有输出及显示。在市电供电正常时开启 UPS，逆变器工作指示灯闪烁，蜂鸣器发出间断叫声，UPS 只能工作在逆变状态，不能转换到市电工作状态。因此，信号工要重点检测市电输入熔断丝是否损坏、市电整流滤波电路输出是否正常、市电检测电路是否正常、逆变供电向市电供电转换控制输出是否正常等。

典型案例

某日，某地铁维修七项目部第七维护部接到综控员通知故障：B 站 LOW 机蓝屏。同时接到 A 站故障报修电话，报 A 站 LOW 机黑屏。经 C 集中站、D 集中站信号工对设备进行查看，发现为 E—F 站间各站出现紫光带。由于 E—F 站出现紫光带，故障涉及两个联锁区的 15 个车站，因此，初步分析故障点存在于联锁集中站的可能性较大。E—F 站包含两个联锁集中区，集中站分别是 C 站和 D 站。在确认集中站设备正常的情况下，信号工立即赶往 LOW 机黑屏的 A 站。信号工到达 E—F 站间某站后进机房看到电源屏通信中断。检查综控室 LOW 机，发现 LOW 机关机，工控机无法启动，经测试发现工控机插座无电。信号工再次去机房检查设备，发现电源屏内空开无落下，均处于闭合状态，市电输入灯亮，检查机柜内设备发现交换机指示灯熄灭。经过排查发现 UPS 后部输入空开落下，UPS 无电，对 UPS 进行排查后确认 A 站 6KVA 型 UPS 及电源屏内 220V 隔离变压器故障，导致 UPS 空开落下断电，遂即更换 UPS 及变压器。

3. 蓄电池维护

蓄电池是非常重要的应急电源，对于地铁信号设备供电有极为重要的作用。

蓄电池在城市轨道交通信号系统中要配套 UPS 使用，能够在日常用来储备电能，如果外网供电出现了故障或者中断的情况，蓄电池则会通过 UPS 电源继续向信号设备提供一定时间的电力。蓄电池常见的故障有电压偏低、无法充电、内阻偏大等。如果蓄电池出现了故障，信号工应如何处理呢？如蓄电池电压偏低、无法充不上去，从现象判断为蓄电池或充电电路故障，信号工应检查充电电路输入输出电压是否正常。若充电电路输入正常，输出不正常，断开蓄电池再测，若仍不正常则为充电电路故障；若断开蓄电池后充电电路输入、输出均正常，则说明蓄电池已因长期未充电、过放或已到寿命期等原因而损坏。

典型案例

> 某日，某地铁信号工在 C 站地下站进行 UPS 季度维护作业。信号工确认全部列车下线回库后，在车站控制室进行登记，并联系行车调度员说明作业内容及影响范围。信号工将气消转为人工控制模式，并贴上"有人作业，严禁操作"提示后进入设备室，在设备室开始检修作业。信号工对 UPS 进行放电试验，关 UPS 市电空开几秒后 UPS 电子旁路并报警，蓄电池无法正常供电。信号工对蓄电池内阻进行测试发现 13 号蓄电池内阻值超标，故判断该蓄电池损坏，立即安排人员至备品库搬运同批次同型号的备用蓄电池进行更换。蓄电池更换完毕后，信号工测试蓄电池放电和充电电压，发现蓄电池电量较低需立即进行充电处理。信号工测试放电电压已升至 DC 220V，再次进行放电试验，蓄电池可放电 30min 以上，确认设备工作正常。信号工对单个蓄电池浮冲和放电电压进行测试，并测试蓄电池温度均为正常，确认 UPS 和蓄电池设备运行正常。信号工销记，并告知通号部维修调度相应情况。

（四）修复软件稳"大脑"

城市轨道交通信号系统除了硬件设备外，在设备内还有相应的软件，二者共同作用，信号设备才能完成所需的功能。软件会出问题吗？答案是肯定的，就如电脑系统，一样也会出现故障。信号工可以通过系统重启、软件重置以及软件数据更新排除故障。

1. 系统重启

系统重启是关机再开机的过程，是终止非系统进程最好的方法。车载 HMI 屏是用于司机和信号系统之间的接口界面，城市轨道交通列车 HMI 屏由于系统软件故障、散热不良、硬件老化等原因会出现卡屏、黑屏、闪屏、死机等现象，HMI 屏虽对列车运行不造成直接影响，但仍会间接影响司机驾驶，所以出现故障应及时重启 HMI 屏，恢复 HMI 屏显示。如果线上重启无法恢复，应立即申请此故障列车退出服务，线下处理。

> 某日，地铁×号线 D 站，信号工接报某处下行出站信号机故障。进入综控室检查信号 ATS 设备显示，判断为信号机室内故障后进入信号机房，发现 ECC（电子控制单元）机柜一块 SOM6 板卡死机。信号工按照故障处理流程针对死机的 SOM6 板卡进行复位，但复位该 SOM6 板卡无反应，并一直处于死机状态，从而确定 SOM6 板卡故障。对板卡进行更换后进行重启操作，信号机故障恢复，信号工进入综控室查看 ATS 设备，设备显示正常。

信号工对信号设备的每一次维护，都是一场精密"手术"，通过"治疗"使信号设备"健康"工作，来保证城市轨道交通运营安全与效率。

2. 软件重置

部分情况下，故障的信号设备在重启后无法恢复正常，多次重启仍然存在故障，就如计算机蓝屏后，重启仍然蓝屏，无法进入系统，此时只能进行系统重装。对于信号设备来说，可以进行软件重置，即重新下载程序或重新安装软件。

> 某日，某地铁行车调度员接报多列车在 A 站无速度码。信号工赶赴信号机房查看设备，分析日志后初步确认为微机联锁故障。经行车调度员同意，手动切换联锁微机 A 机到 B 机，线路恢复正常。信号技术人员检查后发现 A 机的 MVSC 板（下行）存在宕机（板卡上的倒数第二个灯位常亮）情况，重新烧制 MVSC 板（下行）U16/U18 芯片并更换后恢复。

3. 数据更新

地铁信号系统是一个庞大的数据体系,大量的数据库不断地记录、更新数据,使系统内存储的内容越来越多,虽然会定期对数据进行清理,但仍存在旧数据清理不彻底的情况,会存在数据残留,而残留的数据可导致一些故障发生。如果是由于残留数据造成故障,信号工就必须对原有数据进行彻底清理,再更新数据。数据更新可以使旧功能得到完善,并增加新功能,解决系统使用中的缺陷。

典型案例

> 某日,某地铁行车调度员在 HMI 上发现 A 站列车出库进路触发错误,部分正线进路无法自动触发。信号工机房查看设备状态,并对运行日志进行分析,判断为运行图在数据库中有残留。信号工申请对×号线运行图后台数据重新导入。成功导入运行图后,重新分配全线列车班次,全线列车进路触发恢复正常。

二、应急抢修,恢复运营秩序

信号设备故障具有突发性,难以通过监测设备进行预测,因而要求信号工在设备故障时,能第一时间对故障设备进行抢修,完成对信号设备的"急诊",保证运营安全。

(一)应急处置保"秩序"

信号设备发生故障后,信号工考虑的是如何快速处置信号设备,尽可能降低对运营的影响。在最短时间内无法完成故障排除时,为不影响运营,在安全的前提下需要考虑应急的处置方法。应急处理流程如图 2-4-5 所示。

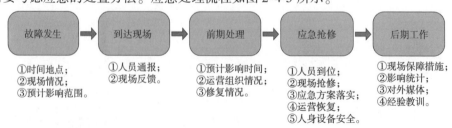

图 2-4-5 应急处理流程

各城市轨道交通运营公司正式运营前会组织各专业编写发生车辆故障、信号故障、供电故障、正线挤岔、脱轨、线路及附属设备故障、车站/列车火灾、突发人潮、车站关闭、恶劣天气下运营组织、恐怖袭击等时的应急处理预案。

针对信号专业,主要是会同行车调度、车站人员和司机编制折返道岔故障、联锁设备故障、电源系统故障、车地通信故障、列车车载设备故障、接口电路(站台门、防淹门及车辆基地)故障等应急处理指南,其目录如图 2-4-6 所示。在信号设备故障情况下为行车调度员、司机、车站工作人员等专业人员提供技术上的指导,确保轨道交通运营安全、优质、高效运行,满足乘客出行需求。信号设备故障应急处理指南主要针对信号设备使用部门人员,例如行车调度员、司机和车站工作人员。

```
                     信号设备故障应急处理指南

                              目  录

1   前言 ························································································· 3
2   范围 ························································································· 3
3   定义 ························································································· 3
4   通则 ························································································· 3
5   信号故障应急处理指南 ······························································ 5
    5.1  车载部分 ·········································································· 5
         5.1.1   TOD信号屏显示异常 ················································ 5
         5.1.2   TOD信号屏持续显示"VOBC LINK-DOWN" ··············· 6
         5.1.3   列车VOBC死机 ························································ 7
         5.1.4   列车在正线TIME-OUT故障 ······································ 8
         5.1.5   列车在转换轨TIME-OUT ········································· 9
         5.1.6   列车在转换轨方向改变 ············································ 10
         5.1.7   已投入的RM模式列车不能转换PM模式 ················· 11
         5.1.8   列车紧急制动 ··························································· 12
         5.1.9   列车ATO/PM模式不能动车 ······································ 13
         5.1.10  无人折返灯亮、且列车无法动车(非无人折返列车) ···· 14
         5.1.11  无人折返失败 ·························································· 15
         5.1.12  列车ATO对标不准 ··················································· 16
         5.1.13  列车PM/ATO模式下不能开车门(非冲欠标) ············· 17
         5.1.14  站台门不能联动打开/关闭 ······································· 18
         5.1.15  站台门显示不一致 ·················································· 19
         5.1.16  列车完整性丢失 ······················································ 20
         5.1.17  列车在VCC边界无目标点 ······································ 21
         5.1.18  列车ATO模式按钮/ATO启动按钮按压无效 ············· 22
         5.1.19  列车无法选择RM模式 ············································ 23
    5.2  车站及轨旁部分 ·································································· 24
         5.2.1   环线干扰 ·································································· 24
         5.2.2   道岔干扰 ·································································· 25
         5.2.3   STC死机 ································································· 26
```

图 2-4-6　信号设备故障应急处理指南目录

1. 保运营秩序正常

在各折返站或与车辆基地接口的车站、控制中心存放各种日常及关键备品备件（图 2-4-7），便于查找出故障点时能及时、迅速更换。所有备品备件都必须处于良好正常状态，而且要定期进行检测维护，犹如医院的药品不能过期，而且效力十足。

图 2-4-7　信号设备房存放备品备件

信号工还要针对不同信号设备发生异常或故障的情况，编写快速、有效查找的指南，通常以流程图或图文结合的方式来呈现。同时也将复杂的电路图绘制成有标注测试点的、通俗易懂的原理图供大家学习或故障发生时测量使用。指南的内容都是各设备故障发生后总结出来的精髓，有利于日后新员工的学习培训及故障处理。

典型案例

某日，某地铁信号值班人员 6 时 15 分接调度报，6 时整 A 站 P111807 道岔挤岔告警，行车调度员定反操各一次后道岔恢复正常。7 时 5 分应行车调度员要求，信号工和轨道专业人员进入轨行区，查看转辙机杆件未发现异常。为了不影响地铁运营，信号工建议把 P111807 号岔单锁至定位，待运营结束后再对该故障进行处理。

2. 灵活处置"压晚点"

列车"压点"运行是以"避免后车站外停车"为主要目标的。"压晚点"是为了尽可能减少晚点的列车数量。信号工作为应急处置的执行者，其应急处理能力的高低将直接影响恢复正常运行秩序的速度和对乘客的不良影响程度。遇到信号设备故障时，信号工应能够以安全运营为目标，快速灵活处置故障设备，以最短的时间恢复列车运营，减少由于设备故障导致晚点的列车数量。

某日22时40分，行车调度员在控制中心HMI上发现某站下行区间的W2706道岔干扰，行车调度员在HMI上对W2706道岔操作两个来回后仍无定位表示。控制中心组织车站、信号和线路专业进行抢修。22时59分，车站人员下隧道将W2706道岔手摇到定位并加钩锁，复核位置正确后，行车调度员组织列车人工驾驶通过W2706道岔，列车尾部出清W2706后，重新投入以正常ATO模式继续运行。

信号工接报故障后，在信号设备房观察W2706道岔继电器动作顺序和在分线盘上测量电压，初步判断控制、动作电路正常，反位表示正常；定位有表示电压送出，故障点在轨旁。向行车调度员申请抢修点后，下隧道查找具体故障点。

应急处置方式1：

由于W2706道岔反位有表示，可以建议运行控制中心（Operating Control Center，OCC）行车调度员将W2706/W2708和W2720/W2712操作到反位，采用"8"字变通交路组织运营，只需行车调度员给停在站台上的列车重新分配运行线就可以继续运行，不用改变列车的运行模式，避免车站人员下隧道手摇道岔和钩锁带来的风险，避免列车再次晚点。但不足之处是：列车在此区间的运行速度大幅降低，影响后续列车，尤其在早晚高峰列车密度大时更明显。

应急处置方式2：

信号工和车站人员利用行车间隔到达W2706道岔安全位置。利用1~2min的行车间隔配合车站人员将道岔手摇到定位并加钩锁，信号工确保定位检查柱已落槽，动接点已打到正确位置，与室内信号工核实定位表示继电器（DBJ）是否吸起。同时，检查室内道岔继电组合的二启动继电器（2DQJ）是否在打上位置，如在落下位置，联系行车调度员将W2706道岔向定位操动一次，使用二启动继电器(2DQJ)处于打上位置,接通定位表示继电器(DBJ)的电路使之吸起,立即交付行车调度员W2706道岔已恢复正常使用。同时,提醒行车调度员、车站人员不得操动W2706道岔。运营结束后再查找具体的故障点。

3. 护设备状态良好

信号系统设备的维修工作必须贯彻预防与整修相结合、以预防为主的原则,按期进行计划性维修,在维修中采取多种手段进行检测,根据设备状态参数进行早期设备故障预判,并逐步向状态维修方向发展。因此,信号工应坚持"安全第一、预防为主"的方针,维护好信号系统设备,保证信号系统设备状态良好、正常运行。

典型案例

某日20时14分,某地铁车辆基地信号值班人员接厂调报W车辆基地联锁机"不同步"报警。20时15分,车辆段值班人员到达DCC(车辆基地控制中心)查看HMI显示不同步报警。20时16分,车辆基地值班人员进信号机械室查看SDM信息和联锁机板卡及灯位,发现联锁B机不断重启。20时46分,经查发现联锁B机DC 12/24V电源模块中的12V电源工作指示灯灭灯,测量该电源模块电压为DC 0/24.05V,初步判断为联锁B机DC 12/24V电源模块故障。为不影响地铁运营,信号工暂时关闭联锁B机,暂时仅使用联锁A机运行,待凌晨请临时抢修点进一步排查。

(二)设备抢修护"平安"

在地铁运营过程中,部分故障会对地铁运营造成较大影响。如不及时处理,轻则导致列车延误,重则导致生命财产的损失,严重影响行车安全与效率。

1. 争分夺秒保安全

为了减少信号设备故障对运营的影响,快速将故障点查找出来,信号工想出各种各样的应急方法争分夺秒去排除故障点。例如针对信号设备不同功能的子系统制定不同的应急包,装有能解决某一子系统故障的板卡、图纸、故障应急处理流程或仪表、工具等。按功能区分主要有道岔应急包、联锁应急包、车地通信应急包、站台门接口应急包等,如图 2-4-8 所示。

图 2-4-8　应急包

当信号工接到信号设备故障报告后,就能第一时间携带相应的应急包赶赴故障现场,不再像以前还要根据接报故障的情况收集或整理板卡和工器具,有效缩短了故障处理时间。

信号设备发生故障后,最基本的原则就是在保障运营安全的情况下"先通后复",减少乘客延误。通过信号设备的特点、辅助的工具和信号工的智慧来编制来各种应急处理流程,将运营影响降到最低。

 典型案例

某日 14 时 23 分,某地铁信号值班人员接调度报,02802 次 533 车司机在 E—F 站上行区间列车发生不明原因紧急制动。14 时 24 分,值班人员询问正线,正线回复正线设备正常。14 时 25 分,值班人员向 ATS 了解情况,查看 ATS 回放,并了解到列车计划停放在 A 站备用线。14 时 30 分,车载值班人员上线添乘查看设备。15 时 11 分,车载值班人员到达 A 站备用线并乘 533 车,检查 533 列车 1、6 端车载 ATC 设备灯位,并下载数据分析。经过数据分析发现,14 时 18 分 51 秒某列车运行至 E—F 站上行区间(T51514 区段),此时车载 CC 计算机主用端为 1 端,车载 CC 计算机监测到 1 端 speed num(列车当前速度)由 70.02km/h 跳变为 180km/h,导致列车产生紧急制动;14 时 19 分 10 秒,533 车紧急制动缓解;14 时 20 分 40 秒至 14 时 23 分 39 秒,车载 CC 计算机多次监测到 1 端 speed num

由0km/h跳变为180km/h,导致多次触发紧急制动。16时30分至19时50分,533车试车线模拟跑车测试,跑车测试列车出现紧急制动,下载数据分析为速度曲线跳变导致列车紧急制动。判断CMP(核心处理板)处理编码里程计信息时出现了逻辑运算错误,导致速度计算瞬间不准且发生跳变,判断为533车1端CMP故障,更换CMP(型号:M1791),19时50分跑车测试功能均正常。

2. 应急演练为安心

城市轨道交通运营企业通过应急演练来提高各层级员工对突发事件的安全意识及信号故障情况下的应急响应能力,达到在应急救援行动中迅速、有序、高效地降低事故危害、减少事故损失的目的。同时,城市轨道交通运营企业会有计划或不定期地组织各专业进行桌面演练、实战本专业应急演练和联合应急演练,最常见的有道岔故障联合演练、联锁设备故障演练、电源系统故障演练等。图2-4-9所示为故障应急演练现场,主要目的包括:

(1)检验控制中心行车调度员的应急处理能力。

图2-4-9 故障应急演练现场

(2)检验司机的应急处理能力。

(3)检验站务人员的应急处理和现场控制能力。

(4)检验信号工应急抢险、故障查找和处置能力。

(5) 检验配合人员应急抢险、故障查找和处置能力。

(6) 通过应急演练促进和提高各运营内部联动抢险、事故救援的应急处理能力。

3. 一查到底尽职责

信号工负责信号设备的安装、维护、维修及改造工作。如敷设、接续信号电缆；配线、焊接、安装和检测操作引入装置；安装、测试信号部件；安装调试、维修联锁、调度监督、闭塞等设备；安装、调试、维修车站信号、正线信号、机车信号等设备；安装、调试、维修转辙、转换装置和信号电源设备；安装、调试、维修信号保护装置；检测设备性能，分析处理设备故障。其最终目的是保证信号设备正常工作，保证城市轨道交通运营安全、高效。

如果信号设备故障是大、中型故障，信号工的处理原则是"先通后复"，即先保证运营，待停运后再恢复设备故障。信号工在临时处理故障时不一定要将其完全修复，能恢复列车运行即可，到晚上天窗点进行深度检查与处理，履行信号工应有的职责。

某日10时46分，信号值班人员接报故障；10时37分，01805次1133车在Q—S下行区间运行时发生AMC(自动驾驶模式)超速紧急制动，收不到速度码。随即查看综合运维，确认1133车设备状态情况，联系信号ATS人员了解1133车运行情况，并向工班长汇报。11时15分，信号工到达车站控制室，联系行车调度员办理添乘手续；在得到行车调度员与司机的允许下，检查信号车载设备状态正常，下载车载ATP主机数据。经过车载数据分析发现，10时37分27秒，1133车在两个区域控制器的交界处发生车地通信信息更新超时，产生紧急制动，速度码变为0。由此得出故障原因为车地通信不稳定，导致列车产生超速紧急制动。建议行车调度员先指令列车运行至前方信号机前停稳，然后重新激活主控钥匙，进行重新识别，完成识别后方可恢复速度码。

第三章 城市轨道交通信号工的职业素养

第一节 能力要求

能力是个体所具备的持久、稳定的特征，影响个体在任务执行、获得与工作相关的知识技能时信息加工的效率、质量。一名合格的城市轨道交通信号工应具备良好的视力、辨色力及听觉能力，具备较强的空间感知能力、知觉能力、注意力，问题敏感性和归纳推理能力强，语言能力较好，身体的灵活性、平衡性和协调性好，躯体强度高，操作能力强，反应速度快。

一、感觉能力

（一）远物与近物视力

视觉能力是指人的眼睛辨认细节的能力，是城市轨道交通信号工最重要的职业能力之一。远物视力指辨别远处实物细节的能力，而近物视力指辨别近处实物细节的能力。在实际工作中，信号工的注意力主要分配在其检修、测量、监控的信号设备上，检修与测量时需要时刻了解信号设备的电气或机械部件情况，监控时，需要掌握信号设备的实时工作情况。对远距离的信号机灯光显示分辨、计算机联锁控制台显示的观察、监测机的查看等，近距离的电缆接续、设备器件焊接、设备拆装、部件更换及电路测量等，都需要相应的远近物视力。同时，还要对周围环境进行观察，对环境存在的问题及时发现并作出处理，因而要求城市轨道交通信号工同时具备优秀的远物与近物视力。

(二) 辨色力

辨色力是指人的眼睛在自然光谱中对各种颜色或某种颜色的分辨能力,包括区分色泽与亮度的能力。辨色力有色盲、色弱及正常三种。先天性色觉障碍通常称为色盲,不能分辨自然光谱中的各种颜色或某种颜色。而对颜色辨别能力差的则称色弱,色弱者虽然能看到正常人所看到的颜色,但辨认颜色的能力迟缓或很差,在光线较暗时,有的几乎和色盲差不多,或表现为色觉疲劳,它与色盲的界限一般不易严格区分。

作为城市轨道交通信号工,时刻都要关注信号设备给出的指示情况,特别是涉及行车安全的信号机、办理进路的联锁控制台。因为色盲或严重色弱的人在看一些标志显示时,分不清颜色或是弄错颜色,将造成不可预估事故,因而要求信号工具有良好的辨色力。

(三) 听觉能力

听觉能力是指听觉系统对声音的接收能力,包括听觉敏感性、听觉注意、声源定位三方面。听觉敏感性指能够检测与识别不同声音之间音高与音量变化的能力,听觉注意指在其他声音的干扰下能专注于某一声音的能力,声源定位指能够辨别声音方向的能力。

信号工需要对听到的信息进行加工处理,并与过去的经验整合,从而感知声音的位置等。其中,听觉注意较为重要。如果信号工的听觉注意不足,便会影响其对声音信息的知觉;反过来,如果知觉能力不足,信号工也可能表现出听觉注意不足的现象。

二、认知能力

(一) 空间感知能力

空间感知能力指与空间信息的监控、组织有关的能力,包括空间定向能力和空间想象能力两方面。空间定向能力指获知自身方位与所处环境、其他物体之间关系的能力,而空间想象能力指移动或重新摆设物体后,想象物体所呈现空间形象的能力。

在实际工作中,信号工要进行信号机电气参数测试等作业,能够理解信号机点灯原理是必须要掌握的技能之一。而信号机点灯电路是一个平面的电气电路图,信号工通过联想、想象使脑海中快速形成一个完整的、立体的信号机点灯过程,包括整个电路电流如何流动、经过哪些部件、进行何种变换、点亮哪个灯位以及哪个灯丝点亮等。

铁路道岔(图3-1-1)是一种让机车车辆从一个方向转到另一个方向的设备,同样是以平面结构图形式展现给信号工,因而要求信号工有强烈的空间感知力,能够快速想象出一个活灵活现的道岔装置。

(二)知觉能力

知觉是人脑对当前作用于感觉器官的客观事物的反映,是多种分析器协同活动的结果。知觉可以帮助信号工掌握信号设备的空间特性(形状大小、远近、方位等)。如信号工能够靠视觉、触摸觉和动觉来判断物体的形状,靠视觉、触摸觉和动觉来判断物体的大小,判断一个物体不同部分之间的相对距离,依靠视、听、触、动、平衡觉等协同活动,来判别物体所处方位(上、下、左、右、前、后、东、南、西、北)等。图3-1-2所示为信号工在进行信号机检修。

图3-1-1 单开道岔

图3-1-2 信号机检修

城市轨道交通系统中,根据线路的需要设置了很多信号机,并且对相应信号机的显示距离进行了规定。信号工在进行信号机灯光调整时,知觉能力就显得特别重要。信号机灯光调整采用瞭望法,需要两名信号工配合,一位信号工(信号工甲)站到信号机前方规定的显示距离25m左右,观察显示效果,并随时与信号机后方的信号工(信号工乙)联系,指挥信号机灯光的调整。信号工乙先调整机构的左、右、俯角、仰角位置,机构调整好后及时固定;然后再进行灯泡的调整,调整灯座前、后、左、右、上、下位置,以灯光显示饱满、明亮、清晰为标准。因此,信号工甲站立的姿势、形体的保持以及知觉都会影响灯光显示调整的最终显示距离,信号工乙的知觉也会影响信号机灯光调整的效率。

(三) 注意能力

注意能力是指与注意力的应用、分配有关的能力,包括选择性注意和时间分配。选择性注意指在一段时间内将思想集中于某项任务而避免注意分散的能力,时间分配指在两种或多种活动或信息源之间来回转换的能力。

合格的信号工能够针对信号设备快速作出反应,其中包含了几个层面:①信号设备在眼前,能不能注意到有变化;②注意到后,能不能持续地注意;③如果眼前信号设备较多,要选择注意哪一个设备;④必须同时注意两件以上事情时,能够妥善分配及应用。

(四) 问题敏感性和推理能力

问题敏感性指在问题识别过程中,对故障或可能出现错误的侦查能力,不涉及问题的解决。推理能力包括演绎推理和归纳推理,演绎推理指将通用规则应用于特定问题而获得有意义答案的能力,归纳推理指结合信息以形成通用规则或结论的能力,或在一系列看似不相关的事物中发现内在联系的能力。

问题敏感性和推理能力对于信号工来说非常重要。问题敏感性可以使信号工发现他人所不能发现的东西,迅速找到易被忽略的信息。推理能力可以使信号工深入分析问题,避免受表面现象的迷惑,真正地看到事物的本质和变化的趋势。

在实际工作中,当信号工到达异常或故障的信号设备所在现场时,通过观察、操作、测量等步骤后,会作出一个初步的判断。为了尽快准确地处理异常或故障的信号设备,信号工要在初步判断的基础上,综合各种现象、假设、经验及其他因素,作出最后的鉴别与最优决策,确定故障原因与位置并修复。

信号工在实际工作中积累了大量的检修、维修案例,有价值的案例会让信号工们在研讨会上共同研讨。研讨过程中,每位信号工都会分析问题或可能的故障原因,思路清晰、有理有据,最后提出操作与处理的意见与措施。研讨会让信号工们从典型的案例中获取更多的经验与教训,进而更快地提升信号工的职业素质。

(五)语言能力

一名合格的城市轨道交通信号工应具备较强的语言能力,包括口语理解、口语表达、书面表达等能力,其中口语理解能力尤为重要。

口语理解能力指倾听并理解口语中所含信息、观点、指令的能力。信号工在工作过程中经常要接受来自各方面的信息,有来自本部门人员的,有来自部门外人员的,还有来自各种报警。所以,信号工与其他人员的信息交流显得非常重要,这就要求信号工要明确地理解其他人员的口语,接受来自上级部门的指令和同工班人员的建议,更好地完成信号设备维护、检修等任务。

语言表达能力包括口语表达(说话、演讲、作报告)和书面表达(回答问题、写文章)两种,指通过交谈或写作的形式传递信息、观点,使他人理解的能力。具体而言,语言表达能力强的人用词准确,语意明白,结构妥帖,语句简洁,文理贯通,语言平易,合乎规范,能把客观概念表述得清晰、准确、连贯、得体,没有语病。图 3-1-3 所示为信号工与站务人员沟通。

图 3-1-3　信号工与站务人员沟通

三、身体能力

(一)灵活性、平衡性和协调性

灵活性、平衡性和协调性指与控制身体动作相关的能力,其包括以下几个方面:①局部灵活性——能够完成弯曲、张开、扭动的动作或伸展躯体、胳膊或腿的能力;②运动灵活性——能够快速而反复地完成弯曲、张开、扭动的动作或伸展躯体、胳膊或腿的能力;③肢体协调性——全身处在运动状态时,胳膊、腿和身体躯干能够协调一致的能力;④肢体平衡性——能够保持或重获身体平衡或以不稳定的姿势保持直立的能力。

信号工的工作内容涉及机械操作、精密测量,工作环境在空间狭小、阴暗潮湿的隧道与地下,因此,灵活性、平衡性和协调性是信号工必备的职业能力之一,也是最核心的职业能力之一。

(二)躯体强度

躯体强度指在保证身体不出现"筋疲力尽"或疲劳现象的前提条件下,能够使用腹部和下背部肌肉支撑身体的其他部位反复或持续地完成动作的能力。

躯体强度决定着躯干的稳定性,可以有效确保信号工的机体在工作过程中成为一个整体,有效传递工作所需的力或动作能量,高质量地完成工作。例如进行道岔设备坚固、转辙机拆装等,都要求信号工有足够的躯体强度。

四、心理运动能力

(一)操作能力

精确操作能力是指信号工能够快速准确调整或更换信号机、道岔、转辙机、轨道电路等信号设备零部件的能力,也指信号工能够快速准确使用常用工具、特殊专用工具、仪表仪器等来测量、调整信号设备的能力。

信号工担负着城市轨道交通运营信号系统维保生产、检修计划、应急处置的重任,在运营生产和应急抢修中起着举足轻重的作用,其职业素质、业务技能水平的高低直接关系整个城市轨道交通线网的生产效率和运营安全。

(二)快速反应能力

快速反应能力是指信号工对信息能够快速接收、处理、行动的能力,包括三个方面,分别是快速接收信息的能力、快速处理信息的能力、快速行动(执行)的能力。从上面的三条来看,其实主要集中在接收信息、思维处理、快速反应三方面。

城市轨道交通信号设备一旦出现异常或故障,信号工要快速反应,不管刮风下雨还是白天黑夜,要快速到达故障设备现场,快速与相关人员沟通故障情况,快速判断故障范围、原因,要快速准确地排除信号设备故障,否则,将会造成不可预知的事故(事件)。

五、其他

除以上各项能力外,城市轨道交通信号工有时需要攀高对信号设备进行维护、检修或测量,这些要求信号工无恐高心理,在高处(比如爬山、在悬崖边)表现出不眩晕、不恶心。

第二节 职业要求

城市轨道交通信号工以责任感为主要导向,需要从业人员遵纪守法、无精神病史和吸毒史,履行好职责,准确而仔细地完成工作,即"胆大心细,安全守时"。信号工要胆大心细,行事果断,同时对细节关注到位。信号工工作的特殊性,还决定了其要具备强烈的安全与守时意识。德国人帕布斯·海恩曾经提出著名的海恩法则:每一起重大安全事故背后都有29个事故征兆,每个事故征兆背后都有300个事故苗头,每个事故苗头背后都有1000个安全隐患。海恩法则说明,事故出现看似偶然,其实是各种不安全因素积累到一定程度的必然结果。

除责任感外,信号工的工作也需要一定的适应性导向,能够承受工作中的压力、挫折,控制情绪,积极调整自我,保持良好的心理状态。

一、安全第一,责任担当

(一)强烈的安全意识

无危则安,无损则全,安全是生产企业永恒的话题,城市轨道交通行业对安全亦尤为关注。这里的安全意识不仅指信号工要有自身安全、设备安全意识,还指其要具有为他人、为社会的安全意识、安全责任。信号工是个高危职业,如果不具有强烈的安全意识和随时保持警惕,那么出事故的概率就大得多,对社会将造成不可估量的损失。信号设备从城市轨道交通运营开始到运营回库一刻不停地工作,为了保证信号设备处于良好的工作状态,信号工需要保持高度的责任感,对信号设备做好日常维护计划,对信号设备工作状态做好记录,如有安全隐患,要及时上报或处理、更换。

例如,信号工要保持检修工具及安全防护用品完好,发现不良的要及时更换。使用前也要进行检查,问题未解决的,不能使用。信号工上道施工、检修作业及设备检查时,要双人作业,穿防护服,一人防护一人作业。

如果安全意识不强,则可能造成一定事故或导致安全事件发生。2006年10月17日,罗马地铁A线列车异常驶入维托·艾曼纽二世车站,追撞已停靠站台的另一列列车,造成1人死亡、110人受伤。经查,主要原因为司机与行车调度员都没有对行车工作引起高度重视,违章作业,安全意识不强。司机的责任在于非正常行车时超速行驶,严重违章,没有加强瞭望,没有及时与行车控制中心保持联系。行车调度员的责任在于没有对非正常情况下行车加强监控,没有及时开放正确的信号和道岔,导致追尾并相撞。

"前车之鉴,后事之师",因此,信号工要从根本上提高安全认识,提高安全觉悟,牢固树立"安全第一,安全高于一切"的观念。坚持不懈地接受安全教育,工班组要积极推进安全文化建设,提高全员安全素质和安全意识,实现安全意识深入人心。

(二) 高度的责任心

信号工的心态一定要良好,不急不躁。遇事沉着冷静不要慌张,更要有强烈的责任心,不仅为自己负责,更是为他人、为整个社会负责。坚持顾及巡检设备每个细节,遇到问题要耐心沟通。

做一个有责任心的信号工,关键还在于赋予自己切实用心。任何事情,都是事在人为。同样对设备进行巡检、检修,如果做到敢负责任,用心良苦,就可能成就自己,保护别人,成为社会的担当者;反之,如果毫不在乎,不当回事,就可能毁灭自己与他人,对社会造成危害。因此,信号工要担负起对自己、对他人、对社会的责任,从心底产生一种神圣的责任感和使命感。

1997年4月29日,京广线荣家湾发生一起旅客重大伤亡事故,事故造成乘务员和旅客死亡 126 人,重伤 45 人,轻伤 185 人。经查正是信号工作人员缺乏责任心,违规使用二极管封连装置,导致信号显示错误,从而引发事故。

(三)时刻谨记安全制度

信号工要严格认真执行"三不动""三不离""四不放过"等基本安全制度,并严格执行作业纪律。

三不动:未登记联系好不动;对设备性能、状态不清楚不动;正在使用中的设备(已办理好进路或闭塞的设备)不动。

三不离:工作完了,不彻底试验良好不离;影响正常使用的设备缺陷未修好前不离;发现设备有异状时,未查清原因不离。

四不放过:事故原因分析不清不放过;责任人未受到处理不放过;整改措施未落实不放过;事故责任者和周围群众未受到教育不放过。

三级施工安全措施:三级指通号、维修中心、车间、工区。安全措施的基本内容应包括施工前的准备措施,施工中的单项作业措施、安全卡控措施及安全防护措施,施工后的检查试验措施,以及发生故障时的应急措施等。

二、临危不惧,细致入微

(一)能谋善断

1. 有魄力

用"艺高胆大"来描述信号工不为过,它对信号工有两个方面的意义:一方面是对信号工的一种激励,鼓励信号工不怕吃苦,持续磨炼自己的技术技能,从而提升自己的技术技能,技术技能高了,在任何环境下都可以毫无畏惧;另一方面表示信号工要勇往向前,遇事果敢。然而做决断并不是一件容易的事,需要能经过深思熟虑,统筹各方面利害关系之后,作出正确的选择。

2. 能决断

信号工除了日常巡检信号设备来保证设备运行状态良好外,还需要在设备异常、故障出现时能够快速进行处理,以保证城市轨道交通运营正常。然而信号设备的运行状态变化不受控制,异常与故障情况也属未知,当信号工碰到新的问题时,要能够胆大处理,这需要信号工不断学习,不断积累知识与技术经验,遇到突发事件都可以有条理、想清楚,从容判断。

(二)粗中有细

1. 专心致志

认真不仅是一种态度,更是一种能力,亦是一种习惯。凡事讲究认真的人,都是具有很高综合素质的人。一个人要有所作为,就必须具备认真的素质。认真不是一件小事,而是关乎自身的成长,关乎工作的品质和承担的社会责任。爱迪生失败了1000多次,也认真了1000多次,终于成功发明了灯泡。信号工每天的工作周而复始,只有认真每一天,才能保证信号设备的良好运行,保证城市轨道交通运营的准点舒适。

2. 粗中有细

用"粗中有细"来形容信号工,是指信号工不仅能够对信号设备进行施工、安装,还能够发现信号设备的微小变化,掌握设备运行状态。在进行道岔转辙设备调整时,信号工既能对机械设备进行"宏观"的操作、调整,又能够对道岔的密贴进行"细微"判断。在进行设备参数测试时,信号工既能对设备进行操作、测试,又能够对设备参数进行记录、分析。信号工既能干"粗活",又能干"细活"。

三、守时正点,规范有序

(一)与设备有个"约会"

守时指有绝对的时间观念。时间观念是来自人们观察感知到的自然时间或物理时间。一个人有没有时间观念,就看他守不守约。作为学生上课迟到,无非是被老师教育几句;作为企业员工上班迟到,无非扣钱或被辞退;而作为信号工,如果与设备"失约",后果小则导致大量旅客滞留车站,影响行车效率,大则出现设备损坏、人员伤亡,危及人们生命安全。

信号早1s开通或晚1s关闭都关系乘客的财产与生命安全,一个环节的马虎和疏漏都将影响行车安全和工作效率。设备出现异常时,信号工要及时到达现场,对异常设备进行相关处理,以防设备工作状态恶化。如果信号工没有守时到达,致使设备工作状态恶化,将严重影响整条线路的运营安全。所以,守时应深深地烙入信号工的内心。

(二)与生产有个"约定"

城市轨道交通信号设备的维护,主要包括日常养护和集中检修,并根据设备特性及状态变化有针对性地进行整治(状态修)和处理突发性设备故障(抢修)。通过维修,保持信号设备的性能指标符合规定要求,从而预防设备故障的发生,使其经常处于良好的运用状态。因此,信号工的日常管理必须规范有序。

1. 有组织

做好设备图册和资料管理。城市轨道交通运营线路中的信号设备相关图册应在中心、车间、工区均有存放,包括信号设备的电路图、配线图、平面设备示意图、电缆径路图、设备台账、电气特性记录等。

建立设备台账。在建立设备台账时,应准确反映设备类型、设备数量、安装位置、使用年限、更换时间、生产厂商、出厂时间及编号等信息。现场应急备用的设备、器材每站每种型号备用量不少于1个。

编制维修计划。按照管辖设备的数量和性能特点,结合工班人员素质进行编制。应根据城市轨道交通信号维护相关规则业务管理中"信号设备维修工作内容及周期表""信号设备器材入所修更换周期及检修工时定额表"规定的内容和周期及维修天窗作业计划编制。根据管内设备类型、分布及人员技术水平等情况,合理分工,做到每项设备均有人负责,按维修计划表进行信号设备维修。

2. 内容多

对上道使用的信号设备要定期进行日常维护和集中检修,对运用中出现的异常现象进行分析和处理,为信号设备的正常使用提供保障。主要内容包括室内日常维护内容、室内集中检修内容、室外日常维护内容、室外集中检修内容、异常现象的分析处理、电报特性测试管理及器材更换内容等。

3. 守制度

工班应认真做好基础管理工作,做到资料齐全、填写及时、记录准确、保管完好,并应健全民主管理制度,做到事事有人管,人人有其责。

工班应实行岗位责任制。信号工班长应对管内设备跟表检查,室内人员应每日巡视和调看集中监测,掌握信号设备的运用状况。信号工对分管的设备质量与案例负责,并应遵守各项规章制度,严格执行标准化作业程序,杜绝违章作业。

利用天窗对信号设备进行养护和集中检修时,作业前须在《行车设备检查登记簿》内登记,经车站值班员签认后,方可作业。

维修和故障处理过程中,必须认真执行"三不动""三不离""四不放过"等基本安全制度,严格执行"三条高压线""七严禁"等作业纪律。

四、调节自我,沉着抗压

心理健康是指心理的各个方面及活动过程处于一种良好或正常的状态。城市轨道交通信号工长期工作在阴暗潮湿的地下环境中,工作压力大,对心理的影响较大,因而需要信号工能够积极地调整自己的心态,即使在艰难的情境下也能控制好情绪,避免自我损耗或攻击性行为,保持一个良好的心理状态。

另外,城市轨道交通在运营中经常发生信号设备故障。由于是运营期间,信号设备检修处理时间紧,能够给予信号工的检修时间少,任务难度大,这就要求信号工具备良好的心理素质和抗压能力,以不变应万变,遇到紧急情况不乱不慌,有条不紊地处理。

第三节 知 识 要 求

上文介绍了城市轨道交通信号工的职业使命,主要讲述了信号工作为城市轨道交通信号设备的"医生",不但要能对信号设备进行日常维护,还要能够进行故障分析与处理,关键是保证信号设备能够稳定工作,确保城市轨道交通运行安全。

信号检修工作为行车关键岗位,是行车安全的重要防线,肩负着乘客生命财产安全的重任。基于设备维护要求,各城市轨道交通运营企业对于信号设备维护制定了合理的周期修、故障修以及大中修的维护策略,因此,对各工种的信号检修工就有了明确的职责要求,即根据城市轨道交通运营企业维护检修的各项规程、规范和标准,负责所辖区域内车载系统、ATS 系统、联锁系统、电源系统、DCS 以及轨旁 ATP/ATO 设备的巡检、维护和故障抢修工作,保证信号系统正常运行。基于职责要求,信号检修工必须具备扎实的信号设备使用及维护的理论基础。

一、交通运输知识

(一)了解交通运输

交通运输是研究铁路、公路、水路及航空运输基础设施的布局及修建、载运工具运用工程、交通信息工程及控制、交通运输经营和管理的工程领域。

交通运输是人和物借助交通工具的载运,产生有目的的空间位移。交通运输是经济发展的基本需要和先决条件,是现代社会的生存基础和文明标志,是社会经济的基础设施和重要纽带,是现代工业的先驱和国民经济的先行部门,是资源配置和宏观调控的重要工具,是国土开发、城市和经济布局形成的重要因素,对促进社会分工、大工业发展和规模经济的形成,巩固国家的政治统一和加强国防建设,扩大国际经贸合作和人员往来发挥重要作用。图 3-3-1 所示为乘坐地铁的人们。

图 3-3-1　乘坐地铁的人们

(二)全面认识城市轨道交通

根据《城市公共交通分类标准》(CJJ/T 114—2007)中的定义,城市轨道交通为采用轨道结构进行承重和导向的车辆运输系统,依据城市交通总体规划的要求,设置全封闭或部分封闭的专用轨道线路,以列车或单车形式,运送相当规模客流量的公共交通方式。

信号工对城市轨道交通设备及运营组织概况要有比较全面的了解,包括城市轨道交通的分类与制式选择,城市轨道交通轨道结构、线路、区间结构、供电系统、车站、车辆基地、环控系统、防灾系统、售检票系统等城市轨道交通固定设施子系

第三章 城市轨道交通信号工的职业素养

统,城市轨道交通移动设施子系统——车辆,城市轨道交通列车运行自动控制子系统及城市轨道交通运营管理等知识。

(三) 熟悉城市轨道交通运营

对于信号工来说,为了更好地了解城市轨道交通运营情况,熟悉城市轨道交通运营体系,就必须学习和掌握城市轨道交通运营相关的基础知识。城市轨道交通运营基础知识涵盖内容较多,主要包括城市轨道交通的运营特性和发展,城市轨道交通运营管理,客流计划、全日行车计划、车辆运用计划和列车开行方案,行车调度和列车运行组织以及城市轨道交通灾害与安全防护。

二、专业基础知识

(一) 掌握电工电子技术

如上文所述,城市轨道交通信号设备主要包括轨旁信号设备、车载信号设备、中央信号设备。这些信号设备中,绝大多数设备含有电子器件,小到继电器电路,大到列车运行控制系统电路,所以掌握相关的电工电子电路知识是成为一名合格信号工的最低标准。

在电子电路中,主要包括电阻、电容、二极管、三极管等独立元器件,还包括电机、变压器等独立部件,了解这些器件的特性,是为更好地分析其所在电路的工作原理。

1. 电阻

电阻是一类限流元件,将电阻接在电路中后,电阻器的阻值是固定的,一般是两个引脚,它可限制通过其所连支路的电流大小。阻值不能改变的称为固定电阻器,阻值可变的称为电位器或可变电阻器。

信号设备中存在大量的电阻,它们的功能各不相同。如轨道电阻(图 3-3-2),轨道电路用变阻器为 R-2.2/220 型,阻值为 2.2Ω,功率为 220W,容许电流为 10A,容许温度为 105℃。其作用是在轨道被轮对短路后,限制系统电路的电流,进而调整轨面上的电压。信号工在实际工作中,处理较多的是对轨面电压的调整。如果轨面电压调整不合理,可能出现轨道中无车而使检测设备检测到有车,或轨道中有车而检测设备却检测不到的情况,前者称为"红光带",影响行车效率;后者称为"压不死"或"分路不良",危及行车安全。所以,信号工必须调整轨面电压,以保证行车安全,提升行车效率。

再如道岔控制单元电路,内含电阻 R,其主要作用是限流。如果电阻开路,将造成控制电路表示部分无显示。图 3-3-3 所示为信号工在检修直流转辙机控制单元电路。

图 3-3-2 轨道电阻

图 3-3-3 信号工检修直流转辙机控制单元电路

2. 电容

两个相互靠近的导体,中间夹一层不导电的绝缘介质,就构成了电容器。电容器在调谐、旁路、耦合、滤波等电路中起着重要的作用。

电容在信号设备中无处不在,如道岔控制单元电路、电源屏电路等均含有电容器。在直流道岔控制单元电路中的电容器,其主要作用是滤波,把半波整流后的电压滤波得到直流电压。在实际工作中,如果电容器断开,将导致电表电路无表示。在检修过程中快速排除故障,就要求信号工能够对电容电路进行分析和判断。

3. 二极管

二极管是用半导体材料(硅、硒、锗等)制成的一种电子器件。它具有单向导电性能,即给二极管阳极和阴极加上正向电压时,二极管导通;当给阳极和阴极加上反向电压时,二极管截止。特别是在各种电子电路中,利用二极管和电阻、电容、电感等元器件进行合理的连接,构成不同功能的电路,可以实现对交流电整流、对调制信号检波、限幅和钳位以及对电源电压的稳压等多种功能。无论是在常见的生活电器产品中,还是轨道交通信号设备电路中,都可以找到二极管的踪迹。

二极管有很多种,如发光二极管(Light Emitted Diode,LED)、光电二极管、功率二极管等。发光二极管主要应用在开关电路、限幅电路、稳压电路中等。发光二极管到处可见,在信号设备中也比比皆是,信号设备板卡上 LED 的亮、灭、闪亮都表示不同的含义。再如色灯信号机用大量的 LED 灯珠作为光源,具有可靠性高、寿命长、节省能源、聚焦稳定、光度性好、无冲击电流等优点。

在直流道岔与交流道岔控制单元电路中都有应用二极管。在直流道岔控制单元电路中的二极管主要用来对交流电进行整流,用于为继电器提供工作电源,如果该二极管故障,信号工也应通过测量分线盘电压快速判断出故障原因。例如,二极管击穿,信号工在分线盘处是测不到电压的;如果二极管烧毁,信号工在分线盘是能够测出双向电压的。这些都需要信号工了解和掌握二极管在电路中的作用和工作原理,才能速分析与排除故障。图 3-3-4 所示为信号工在更换故障二极管。

图 3-3-4　信号工在更换故障二极管

4. 变压器

变压器在城市轨道交通信号设备中应用最为广泛,如轨道变压器、扼流变压器、中继变压器、隔离变压器等,有大体积、小体积的,有单绕组、双绕组、多绕组的,有 E 型、O 型的,有单相、三相等。

如表示变压器为 2∶1 变比,用于道岔位置表示提供电源;轨道变压器为轨道电路中把高压变为低压送至轨面上,或从轨面上把低压升高送给室内接收;信号电源屏中在输出端接入 1∶1 的大功率变压器,可以实现电源的隔离作用,稳压变压器可以实现对电压的稳压作用;信号机灯位内有点灯变压器,它把 220V 的高压降为灯泡的额定工作电压 12V。所以,信号工不能忽视对变压器的学习与掌握。图 3-3-5 所示为信号工对轨道变压器进行测试。

图 3-3-5　信号工在测试轨道变压器

5. 电动机

电动机（Electric machinery，俗称马达）是指依据电磁感应定律实现电能转换或传递的一种电磁装置。它的主要作用是产生驱动转矩，作为电器或各种机械的动力源。按工作电源种类，电动机可分为直流电动机和交流电动机。直流电动机又分串励直流电动机、并励直流电动机、他励直流电动机和复励直流电动机。交流电动机还可分为单相电动机和三相电动机。

在城市轨道交通信号设备中，道岔的转换需要转辙机来提供动力牵引，而转辙机内部的电动机即为动力源，所以根据电源种类转辙机也分为直流转辙机与三相交流转辙机，对应其内部电动机采用相应的直流电或交流电。因此，掌握电机的工作原理、正反转原理是信号工分析转辙机动作原理的基础。图 3-3-6 所示为信号工对转辙机进行测试。

（二）识别传感器

目前，信号工对信号设备的维护遵循着"计划修"，即通过制订日计划、周计划、月计划等对信号设备进行维护与检修，从而确保信号设备的正常工作，进而保证行车安全。随着各种先进技术的发展与融合，城市轨道交通信号设备智能化程度不断提高，且"计划修"费时费力，因而如何从"计划修"发展到"状态修"成为目前研究的重要课题之一。

图 3-3-6　信号工测试转辙机

城市轨道交通信号集中监测系统是重要的信号设备，是信号维修技术的重要突破，是信号设备实现"状态修"的必要手段。它采用先进的数字信号处理技术、现场总线技术、传感器技术、计算机网络通信技术、数据库及软件工程技术等现代科学技术手段，监测并记录信号设备的主要运行状态，并及时预测信号设备的发展趋势,给出报警,提前通知信号工进行维护或维修。

对信号设备工作状态的采集需要大量的传感器,传感器是一种检测装置,能感受到被测量的信息,并能将感受到的信息按一定规律变换成为电信号或其他形式信息输出,以满足信息的传输、处理、存储、显示、记录和控制等要求。传感器的存在和发展,让物体有了触觉、味觉和嗅觉等感官,让物体慢慢变活起来,它是实现自动检测和自动控制的首要环节。

(三)使用(会用)计算机

计算机俗称电脑,是现代一种用于高速计算的电子计算机,可以进行数值计算,又可以进行逻辑计算,还具有存储记忆功能,是能够按照程序运行,自动、高速处理海量数据的现代化智能电子设备。计算机是 20 世纪最先进的科学技术发明之一,对人类的生产活动和社会活动产生了极其重要的影响,并以强大的生命力飞速发展。

计算机发展至今已无处不在,城市轨道交通领域也不例外,作为信号工,日常工作与计算机的接触也较多,如计算机联锁设备、ATP 设备等。同时在进行工作总结、汇报时,也要用到相关软件。

1. 会操作计算机

计算机已成为工作中必不可少的工具之一。要求信号工能够进行基本的键盘与鼠标操作,能够进行文件管理以及操作系统的设置,了解计算机的基本知识并进行相应软件操作与使用,能够进行汉字、字母的输入。除此之外,信号工还应能够使用专用软件来分析信号设备数据及进行录入、导出、打印等工作。图 3-3-7 所示为信号工在进行计算机操作。

2. 能熟练使用 Office 办公软件

在实际工作中,信号工要及时记录工作过程中存在的问题、解决问题的方案,并给出个人工作总结;进行设备运行参数测量时,要把相关数据记录到表格中,以方便汇总、统计;针对特别问题还要进行汇报等。因此,要求信号工能够熟练运用 Office 软件,主要包括 Word、Excel、PowerPoint。Word 文字处理软件,包括界面的组成,建立 Word 文档,保存 Word 文档,输入文字、字符,插入各种图形、表格,进行排版操作、打印输出文档等；Excel电子表格软件，包括工作簿与工作表的概念、填表的方法与技巧、编辑表格、修饰表格、进行表格计算、根据表格数据制作分析图表以及数据统计等；PowerPoint演示文稿软件，包括PowerPoint的界面、幻灯片的制作方法、动画的设置、演示文稿的放映设置、演示文稿的打包等。

图3-3-7　信号工使用计算机

3. 资料查询使用安全

信号工应能够了解并掌握Internet基础及网络基础，包括Internet的接入及浏览、从互联网下载所需的资料、E-mail的使用、局域网的基础知识等。

无论是对个人计算机还是企业的计算机群，都要具备完善的计算机系统安全防范意识。在对数据文件进行储存时，要做到对数据的实时监控，在确保数据文件没有病毒入侵的情况下在进行保存，进而有效地保证病毒在对计算机攻击之前进行处理和清除。

在平时使用计算机时做到以下几点：其一，注意私人密码的设置，以此来避免他人窃取或改动计算机内的重要信息；其二，不要随便点击陌生链接或登录不知名网站，以防病毒借机侵入；其三，通过云盘备份等方式做好备份措施，这样即使计算机系统出现错误，也可以避免数据的丢失。部门应该规范计算机网络的诸项工作，组织信号工定期参加计算机网络的培训课程，提高处理计算机网络安全隐患的能力，保障每个信号工都能熟练操作，避免技术性的失误。

（四）应用（用好）计算机网络

计算机网络是指将地理位置不同的具有独立功能的多台计算机及其外部设备，通过通信线路连接起来，在网络操作系统、网络管理软件及网络通信协议的管理和协调下，实现资源共享和信息传递的计算机系统。计算机网络也称计算机通信网。一个计算机网络组成包括传输介质和通信设备。

网络通信是通过网络将各个孤立的设备进行连接，通过信息交换实现人与人、人与计算机、计算机与计算机之间的通信。

信号工应具备数据通信与计算机网络的基本概念、知识和技术；掌握计算机网络各层协议的基本工作原理及其所采用的技术；对典型的计算机网络的特点和具体实现有基本印象，有能力通过从事一些网络计算机系统上的初步软件开发工作，解决简单的计算机应用实际问题；掌握计算机网络整体概念，学会计算机网络的基本设计方法；能够运用所学习的网络知识，解决网络设计、配置、组网、管理和系统集成等一般的技术问题，为未来向网络技术的深度和广度发展奠定必要的基础。

（五）读懂电路图

人们通过绘制施工图纸的方式来实施项目。在设计阶段、深化阶段、操作阶段，都需要读懂图纸。读懂一套优秀的信号设备图纸，就懂得了信号专业语言。

在信号工实际工作中，会遇到道岔、转辙机、各种箱盒设备，了解其机械结构是对这些设备进行维护的前提。对信号设备进行配线、施工、维护、检修，都需要能够对相应图纸进行识别（图3-3-8），因此，对各种信号设备的电气图符号、信号设备平面布置图、电缆径路图、各种控制电路图、信号设备之间的连接图及信号设备与其他设备之间的连接图能够熟练识读，同时具备利用 AutoCAD 软件来绘制以上图纸的能力。

三、专业核心技术

在城市轨道交通运营企业中，城市轨道交通信号工的工作岗位一般划分为四个工班：中央工班（ATS 工班）、车载工班、车辆基地工班、正线工班。在一些城市轨道交通运营企业，四个工班的信号工会进行岗位互换交流，这就对信号工的专业能力提出了更高要求。按信号设备区域划分,城市轨道交通系统分为轨旁信号子系统、车载信号子系统和控制中心子系统。

图 3-3-8 信号工根据图纸检查线路

(一)轨旁信号设备

轨旁信号设备主要包括信号机、轨道电路、道岔与转辙机、计轴设备、信标等。

1. 信号机

在正线的信号机一般是为了指示列车运行,根据需要设置了各种信号机和信号表示器,它们是各种信号系统中不可缺少的组成部分,信号机以信号显示的形式向列车司机提供指示列车运行的条件及命令。地面信号或信号表示器设置于车站或区间固定地点,用来防护站内进路或区间闭塞分区。

信号机作为行车的"眼睛",而信号工就是"眼科医生"。信号工是如何保证该"眼睛"显示正确、显示距离足够远呢?这就要求信号工在信号机故障时能够快速维护处理。因此,信号工要了解并掌握信号机的机构组成,能够对信号机灯光显示进行调整,同时理解信号点灯原理,对信号机电气参数进行测量与分析。图 3-3-9 所示为信号工在检修信号机。

2. 轨道电路

轨道电路是利用钢轨作为导体,两端加以机械绝缘(或电气绝缘),接上送电和受电设备,使电流在轨道的一定范围内流通而构成的电路。它用来监督线路上是否有车占用、钢轨是否断裂,并可以通过轨道电路向列车传递行车信息。它的性能直接影响行车安全和运输效率。

第三章 城市轨道交通信号工的职业素养

图 3-3-9 信号工在检修信号机

在城市轨道交通中,不同运营线路使用的列车检查装置有所不同,其中轨道电路作为列车检查的线路也较多,使用较多的轨道电路有 50Hz 相敏轨道电路、FTGS 音频轨道电路等,其中 FTGS 音频轨道电路为德国西门子公司生产的无绝缘轨道电路,既可检查列车占用还可以向列车传输行车信息。

维护良好的轨道电路不但可以保证行车安全,还能提高运输效率。因此,信号工要具备轨道电路相关知识,如轨道电路组成、工作原理、极性交叉、道岔区段轨道电路,能够根据要求调整轨道电路工作状态。

3. 道岔与转辙机

转辙机是道岔转辙装置的核心和主体,除转辙机本身外,还包括外锁闭装置和各类杆件、安装装置,它们共同完成道岔的转换、改变道岔开通方向、锁闭道岔尖轨(和可动心轨)、反映道岔位置。图 3-3-10 所示为信号工对道岔尖轨进行密贴检查。

转辙机是重要的信号基础设备,它对于保证行车安全具有非常重要的作用。信号工不但要对道岔机械部分进行调整、更换与维护,还要对道岔电气部分进行测量与检修。

因此,信号工应掌握道岔的基本构成、密贴原理、调整方法,掌握常用转辙机(ZD6、ZDJ9、S700K、ZYJ7)的基本构成、机械动作原理、电气控制原理、道岔位置表

095

示原理等。

图 3-3-10　信号工对道岔尖轨进行密贴检查

4. 计轴设备

计轴器又称微机计轴，通过计算车辆进出某区段的轮对数，进而分析该区段是否有车占用的一种技术设备。相比于轨道电路，计轴设备组成较为简单，因而目前新建线路大部分采用计轴设备实现检查列车占用和出清功能。

计轴设备包括室内主机（ACE）、计轴电源、室外电子单元（EAK）、轨道磁头及连接电缆。一个轨道区段的首尾各安装一套轨道磁头，一套磁头由两个磁头构成，当有列车轮对到来时，计轴磁头产生一个脉冲，送往室内主机，用来监测轨道区段有无列车占用，当列车驶出该区段时，驶出端磁头也产生脉冲，通过对比驶入与驶出端脉冲个数，就可以判断轨道区段是否已出清，每端装有两个磁头是为了判断列车运行方向。

因此，作为轨旁设备之一，计轴设备改善了轨道电路应用的可靠性。信号工要掌握计轴设备的组成、工作原理、测量方法等。

5. 信标

信标又叫应答器，应答器是欧洲标准的称谓，信标是北美标准的称谓。应答器（信标）是高速率、大信息量的点式数据传输设备，主要用途是在特定的地点实现车-地间的数据交换，向列车提供可靠的轨旁固定信息与可变信息。

应答器无须外加电源,平时处于休眠状态,仅靠瞬间接收车载天线的电磁能量而工作,将预置的数据报文发送给车载设备,直至电能消失(车载天线已离去)。该类应答器称为固定信息应答器,其内部预存线路的公里标、线路坡度、允许速度等固定信息。

而用于向列车传送信号显示、进路信息、临时限速、道岔位置等实时可变信息的应答器称为可变信息应答器,一般设置在信号机或道岔旁,其通过外接电缆的地面设备连接并实时通信。图 3-3-11 所示为信号工维护应答器。

图 3-3-11　信号工在维护应答器

可变信息应答器主要包括地面应答器与轨旁电子单元(LEU),以及与之配套的车载设备。

6. 正线联锁

为保证行车安全,进路、信号、道岔间相互制约的关系叫作联锁关系,简称联锁。联锁的基本内容包括:①进路上各区段空闲时才能开放信号;②进路上的有关道岔在规定位置并锁闭才能开放信号;③敌对信号未关闭时,防护该进路的信号不能开放。

控制车站的道岔、进路和信号,并实现它们之间联锁关系的设备,称为联锁设备。联锁设备有继电联锁与计算机联锁两大类。计算机联锁系统(Computer Based Interlocking,CBI)是负责行车进路建立的核心控制设备。计算机联锁系统在信号操作员或者 ATS 系统操作下,实现站内道岔、信号机、轨道电路之间联锁控制,是铁

图 3-3-12 信号工讲解计算机联锁

路安全高效行车不可缺少的保障装备，其主要功能有：联锁设备能够响应来自 ATS 的命令，在满足安全的前提下，控制进路、道岔和信号机，并将进路、轨道电路、道岔和信号机的状态信息提供给 ATS 和 ATP/ATO。图 3-3-12 所示为信号工讲解计算机联锁。

7. 安全继电器

铁路信号技术中广泛采用的继电器，称为信号继电器（在铁路信号系统中可简称为继电器），是铁路信号技术中的重要部件。它无论作为继电式信号系统的核心部件，还是作为电子式或计算机式信号系统的接口部件，都发挥着重要的作用。

目前，信号继电器在以电子元件和微型计算机构成的系统中，如计算机联锁系统，作为其接口部件，将系统主机与信号机、轨道电路、转辙机等执行部件结合起来。信号继电器可实现远程控制电路的功能，因而在轨道信号领域始终起着重要的作用。

继电器是一种电磁开关。继电器类型很多，性能各不相同，结构形式各种各样，主要由电磁系统和接点系统两大主要部分组成。其中，电磁系统由线圈、固定的铁芯、扼铁以及可动的衔铁构成，接点系统由动接点和静接点构成。当线圈中通入一定数值的电流后，由于电磁作用或感应方法产生电磁吸引力，吸引衔铁，由衔铁带动接点系统，改变其状态，从而反映输入电流的状况。图 3-3-13 所示为信号工在对继电器除尘处理。

AX 系列安全型继电器是由我国自行设计和制造的。它与座式和大插入式继电器相比，结构新颖、质量轻、体积小。经现场几十年的运用考验，证明其安全可靠、性能稳定，能满足信号电路对继电器提出的各种要

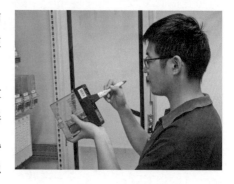

图 3-3-13 继电器除尘

求。它是我国铁路信号继电器的主要定型产品,应用最为广泛。安全型继电器是直流 24V 系列的重弹力式直流电磁继电器,其典型结构为无极继电器,其他类型继电器由无极继电器派生,绝大部分零件都能通用。

安全型继电器的型号由汉语拼音字母和数字表示,字母表示继电器的种类、数字表示线圈的电阻值,派生出有极继电器、偏极继电器、整流式继电器、时间继电器等。作为信号系统中重要的信号器件之一,信号工必须熟练掌握继电器相关知识。如继电器的接点检测与检修标准、继电器构成的各种控制电路与联锁电路分析方法等。

8. 电源子系统

1)电源屏

电源屏是信号系统的供电装置,用于向各种信号设备及系统供给稳定、可靠、符合使用条件的各种交、直流电源。电源屏分为站内屏、区间屏、提速屏等,随着稳压器的发展,电源屏也经历了较大改变,由原来的继电电源屏发展到现在的智能型电源屏。信号设备对供电具有三大要求,即要求电源可靠、电源稳定、电源安全。

学习电源屏知识,主要包括学习了解信号智能电源屏基本元器件,交流稳压器和电力电子技术,信号智能电源屏的组成、基本原理、使用方法及日常操作等。

2)蓄电池

蓄电池是将化学能直接转化成电能的一种装置,是按可再充电设计的电池,通过可逆的化学反应实现再充电。铅酸蓄电池的设计寿命一般为 10 年左右,在地铁的使用环境中,温度通常高于基准要求 3~5℃。目前大部分地铁线路信号系统所使用的蓄电池组都是由多节 12V 的蓄电池串联而成,各线路信号系统所使用的蓄电池品牌、型号、池节数及标称容量各不相同。蓄电池品牌主要有美国海志、德国阳光、英国 SEC。集中站和车辆基地信号的蓄电池组通常由 29 节或 30 节蓄电池组成,非集中站通常由 16 节或 20 节蓄电池组成。蓄电池容量从 22A·H 到 120A·H 多种。

在使用时注意,蓄电池是免维护的,不可对单节蓄电池进行拆卸维护。使用过程中会产生一些气体,这些气体的主要成分为氢气,故严禁在不通风的房间里使用。蓄电池储存了大量的电能,多个蓄电池连接能达到致命的电压,甚至一个放了电的蓄电池也能放出一个高的短路电流,短路蓄电池会引起火灾或爆炸等严重的伤害。蓄电池端子应远离任何金属物体,所有维护工具应有良好的绝缘防护,且不得将工具或其他金属物体放在蓄电池上。

蓄电池应经常保持外表及工作环境的清洁、干燥状态。日常维护时,一是检查蓄电池的状态,二是保护蓄电池室或电池柜、支架的清洁,三是坚固松动的螺钉,持蓄电池连接良好,四是对蓄电池进行定期的测试及试验(图3-3-14)。

图 3-3-14　信号工在进行蓄电池指标测量

3) UPS 系统

UPS 是将蓄电池与主机相连接,通过主机逆变器等模块电路将直流电转换成市电的系统设备。

UPS 系统是连接在输入电源与负载之间,为重要负载提供不受电网干扰、稳压、稳频电力供应的电源设备,利用蓄电池化学能作为后备能量,在市电断电等电网故障时,不间断地为用户提供电能的一种能量转换装置。它具有四大功能:不停电功能——解决电网停电功能;交流稳压功能——解决电网电压剧烈波动问题;净化功能——解决电网与电源污染问题;管理功能——解决交流动力维护问题。(UPS 系统)主要由整流单元、逆变单元、监测单元等组成。

当市电正常为 AC 380/220V 时,直流主回路有直流电压,供给 DC/AC 交流逆变器,输出稳定的 220V 或 380V 交流电压,同时市电经整流后对蓄电池充电。当任何时候市电欠压或突然掉电,则由蓄电池组通过隔离二极管开关向直流回路馈送电能。从电网供电到蓄电池供电没有切换时间。当蓄电池能量即将耗尽时,UPS 发出声光报警,并在蓄电池放电下限点停止逆变器工作,长鸣告警。UPS 还有过载保护功能,当发生超载(150% 负载)时,跳到旁路状态,并在负载正常时自动返回。当发生严重超载(超过 200% 额定负载)时,UPS 立即停止逆变器输出并跳到旁路状态,此时前面输入空气开关也可能跳闸。消除故障后,只要合上开关,重新开机即开始恢复工作。

(二)车载信号设备

车载信号系统是列车的辅助系统,按其功能分为三个子系统,即车载 ATP 子系统、车载 ATO 子系统和车载 ATS 子系统。按位置划分为车内设备、车底设备及车顶设备。车内设备包括 ATC 机柜、显示器、继电器柜和移动无线设备等,车底设备包括多普勒雷达、位标读取器和测速仪等,车顶设备包括通信天线等。

1. 车载 ATP 子系统

车载 ATP 子系统是车载信号系统的核心部分,其将从沿线轨道电路接收到的 ATP 限速命令安全、可靠地译码并且显示出来,并将列车实际速度与之比较,保证列车在 ATP 限速命令所允许的速度之下工作,当列车运行超过 ATP 允许速度时,该子系统将自动施行全常用制动,直到列车车速低于允许速度。车载子系统具有超速防护、制动保护、零速度检测、车门控制及站台站台门监督等功能,符合故障-安全原则。为提高系统的可靠性和安全性,车载 ATP 子系统设有主副 ATP 2 个模块,互为热备份。

车载 ATP 子系统主要包括车载控制器(CC)、查询器(TI)、天线(TIA)、速度传感器、移动通信、列车司机显示器(TOD)、加速度计等。

CBTC 车载子系统的关键元件就是车载控制器。ATP 子系统负责确定列车的位置,监测列车速度,保证正确的必要制动顺序,管理列车控制模式以及根据轨旁区域控制器提供的信息控制列车。CC 与速度传感器、加速度计和查询器接口来确定列车的位置。列车司机显示器与 CC 接口以显示相关的驾驶信息、设备状态和提供给司机的报警信息。每列列车终端安装一个 MR，并与 CC 接口以实现 CC 和轨旁设备间的数据信息传递。

2. 车载 ATO 子系统

车载 ATO 子系统能替代司机智能化地驾驶列车，实现平稳地加速列车、自动调整车速和列车到站后的定点停车等功能。在 ATP 和联锁子系统的安全保护下，根据 ATS 子系统的指令，实现列车自动驾驶和列车在区间运行的自动调整功能，确保达到要求的设计间隔及旅行速度，并实现列车的节能运行控制。

ATO 子系统与 ATP 子系统共用车载硬件设备，不设置独立硬件设备。ATO 子系统的软件安装在与车载 ATP 子系统共用的车载计算机中，但使用独立的 CPU，即每个 CC 包括 2 个独立的 ATO 模块，运行 CC 的主 ATO 控制动力和制动系统，经由 RS485 串行接口与 TMS 相连接。

ATP 软件和 ATO 软件安装在相同的电路板上，即安全计算机处理器板（CCTE）。每个 CCTE 有 4 个处理器：1 个 AP（应用）模块、1 个 VO（表决器）模块、1 个 ME（存储互换）模块和 1 个 CPL（耦合器）模块。ATO 软件安装在 CCTE1 和 CCTE2 的 CPL 模块上。

车载 ATO 设备为主备冗余，当主 ATO 单元发生故障，自动从主 ATO 单元切换到备用 ATO 单元，主 ATO 单元与备用 ATO 单元运行同样的软件，得到相同的传感器输入和独立计算，但是在同一时间，只有 1 个 ATO 单元是主 ATO 单元，与其他子系统接口，备用 ATO 单元不提供任何输出。

3. 车载 ATS 子系统

列车与地面之间的双向通信由车载 ATS 子系统完成，它和中央列车控制系统协同操作，共同完成列车自动运行过程中的信息交换。

4. 车载系统的外部接口

CC 同车辆的接口有列车管理系统（TMS）、紧急制动系统、车门控制、列车完整性、牵引系统、驾驶室控制。CC 与 TOM 的通信接口，用于列车同一端 CBTC 设备与 TOD 之间数据交换的以太网连接。每条网络连接由 2 条双绞线和 1 条屏蔽线组成。

CC 与 DCS 的接口，CC 通过以太网接口连接到车载 ESE，然后接入数据通信子系统。车载 ESE 连接到车载 MR，车载 MR 提供了标准的以太网口，可以通过车载以太网交换设备和列车车载控制器等设备互联。并通过无线接口，接入轨旁网络。通信协议使用 UDP/IP。

列车在预定误差范围内停车后，CC 通过 ZC(Zone Controller，区域控制器)请求联锁打开相应站台一侧的站台门，同时联锁会请求站台门控制器打开站台门。一旦停站时间结束，CC 向车辆和站台门控制器发出站台门和车门请求关闭指令，关闭站台门和车门。然后，当司机按下发车按钮时，列车才能起动并向下一车站运行。车门和站台门的开关同步进行。在设计联络阶段协调确定车门、站台门的开关时序。

站台门的状态信息由联锁接收。如果站台门非正常打开，则 ZC 应及时检测此情况并阻止列车接近车站站台，已接近的列车和未驶离站台的列车将实施紧急制动。如果在列车停止时"所有站台门关闭"状态丢失，CC、ATP 会禁止列车移动。

(三) 中央信号设备

中央信号设备主要指中央控制中心。ATS 全称为自动列车监控系统。ATS 子系统作为 ATC 系统的一个重要子系统，是一套集现代化数据通信、计算机、网络和信号技术为一体的、分布式的实时监督、控制系统，ATS 子系统通过与 ATC 系统中的其他子系统协调配合，共同完成对列车和信号设备的管理和控制。其核心设备位于信号系统的中央层，用于实现对高密度、大流量的城市轨道交通运输进行自动化管理和调度，是一个综合的行车指挥调度控制系统。图 3-3-15 所示为信号工确认 ATS 系统状态。

图 3-3-15　信号工确认 ATS 系统状态

ATS 系统由控制中心、车站、车场以及车载设备组成。ATS 系统在 ATP 系统的支持下完成对列车运行的自动监控。中央信号设备主要有控制中心、后备工作站、设备集中站、车辆基地工作站、培训工作站等。

控制中心用于监视、控制线路和列车运行,包括2个行车调度员和1个调度长ATS工作站。每个工作台均配有彩色液晶显示器,用于显示信号平面布置图、监控信号系统设备状态。调度员可以根据他的权限通过这些终端屏幕选择或取消控制区域,向轨旁联锁系统发出指令办理进路,指挥列车按照列车运行图来运行,实时了解和掌握列车的实际运行情况,以便及时对列车作业进行分析和调整,保证全线运营安全高效有序进行。

设备集中站的ATS车站工作站是单机工作站,各配有两台显示器,监视列车运行。联锁区域内的ATS车站工作站的运行与ATS中央调度工作站的运行相似。一般情况下,ATS车站工作站用户监视本联锁区内列车的移动,而不需要控制本联锁区域。设备集中的ATS车站工作站是带有本地控制工作站(LCW)功能的组合工作站,ATS与LCW使用不同的用户接口。

车辆基地工作站包括派班工作站与监视工作站。派班工作站位于停车库司机派班室,用于列车正线运行以及返回车辆基地/停车场所需的换班计划。ATS车辆基地/停车场派班工作站界面允许访问的窗体中包括存车线上的列车列表,以及根据当前计划时刻表运营所需的列车列表。监视工作站位于信号楼内,车辆基地/停车场行车值班员依据ATS列车时刻表,监视车辆基地/停车场轨道占用情况,以及车辆基地/停车场和正线之间的转换区情况,也用来监视车辆基地/停车场和转换区之间的进路。

培训工作站具有完整的ATC模拟系统软件,能对ATC系统进行功能演示,用于培训行车调度员日常和紧急情况下如何操作系统,培训信号维修人员。

(四)车辆基地/停车场信号设备

1. 车辆基地信号设备

车辆基地是城市轨道交通车辆停放、检查、整备、运用和修理的管理中心所在地。若运行线路较长,为了有利于运营和分担车辆的检查清洗工作量,可在线路的另一端设停车场,负责部分车辆的停放、运用、检查和整备工作。当技术经济合理时,也可以两条或两条以上线路共设一个车辆基地。城市轨道交通除车辆基地以外,尚有综合维修中心、材料总库和职工技术培训中心等基地,有条件时尽量将它们与车辆段规划在一起。图 3-3-16 为信号工在检修车辆基地信号机。

车辆基地信号系统主要包信号基础设备、车辆基地计算机联锁、轨旁设备、接口、试车线、信号微机监测系统等。车辆基地信号基础设备、轨旁设备等与正线基本一样。

图 3-3-16　信号工在检修车辆基地信号机

2. 试车线信号设备

对车辆进行动态性能试验的线路,其线路标准通常应与正线一致,用于完成列车在正线运行前的动态测试和试验。根据城市轨道交通系统车辆运营维护的要求,所有新装车载信号设备的车辆,或经过定修、大架修后的车辆,上线运营前均需静态检查和试验,并在试车线(特殊情况在正线指定区段)上进行相应动态测试和试验,以验证车辆及车载信号设备安装是否正确、车载信号设备与车辆控制系统的接口性能是否符合设计要求,以及车载信号设备对车辆的控制精度是否满足上线运营要求等。

此外,在车辆的日常检修过程中,对影响运营安全的设备或部件进行检修后,也应根据相应检修规程对其进行静态和动态试验,从而验证该列车的状态是否满足上线运营标准。图 3-3-17 所示 为广州地铁某车辆基地试车线。

图 3-3-17　广州地铁某车辆基地试车线

（五）通信设备

轨道交通专用通信系统是指挥列车运行、公务联络和传递各种信息的重要手段,是保证列车安全、快速、高效运行不可缺少的综合通信系统。轨道交通专用通信系统与信号系统共同完成行车调度指挥,并为城市轨道交通的其他各子系统提供信息传输通道和时标(标准时间)信号;此外,通信系统还是城市轨道交通内部公务联络的主要通道,使构成城市轨道交通内部的各个子系统能够紧密联系,以提高整个系统的运行效率,同时也是城市轨道交通内、外联系的通道。另外,轨道交通专用通信系统在发生灾害、事故或恐怖活动的情况下,是进行应急处理、抢险救灾和反恐的主要手段。

轨道交通专用通信系统主要包括传输系统、公务电话系统、专用电话系统、无线系统、闭路电视监控系统、广播系统、时钟系统、电源系统及集中告警系统共9个子系统。图3-3-18所示为信号工通过无线电话与车站值班员沟通。

图3-3-18 信号工与车站值班员通话

(六)与通信设备的接口

1. 与无线通信系统接口

ATS向无线系统发送以下信息:①无线系统的列车识别符(列车车次号);②列车线路标识;③列车位置包括当前车站,下一个车站和上一个车站;④列车标识(车体号)和激活的驾驶室标识;⑤列车运行方向;⑥司机标识(司乘ID)无线系统根据ATS提供的列车信息,使中央调度员可以发起和建立对某特定列车的无线呼叫。

2. 与主时钟接口

ATS系统到主时钟的通信通过TCP连接,两个独立的10Base TX HD以太网接口,两系统中间连接防火墙,起到安全隔离作用。主时钟提供两个端口,ATS系统首先向配置文件中的第一个主时钟发送UDP包;如果没有收到响应,ATS系统将把发送请求切换到配置文件中的下一个主时钟,请求报文和响应报文均需遵循NTP协议;当两个主时钟均无响应时,信号系统将与ATS服务器内部时间实现时间同步。

3. 与大屏接口

ATS通过多模光纤从控制中心信号机房连接到调度大厅,经过媒体转换单元后用网线与大屏服务器连接,在大屏服务器中装有ATS软件,ATS服务器发送信息给大屏来显示正线的线路总览图、场段的线路总览图,在大屏上可切换显示正线/

场段线路总览图,每次线路总览图进行更新时,大屏显示器上的图像也需要随着进行更新。显示类型可以根据信号系统的图形和文字信息来选择,确保完整、有效、安全和方便显示。

4. 与乘客信息系统(PIS)的接口

乘客信息系统(Passenger Information System, PIS)ATC通过接口采集外部信息流,经编辑、处理手段,生成内部信息,按既定规则或版式播出,以达到向乘客传递信息的目的。作为PIS的"大脑",ATC的主要职责包括:实现与外部信息源的接口;采集信息、处理系统内各类数据;管理/控制系统设备;编辑、生成播出版式;制定播放优先等级;播出信息的统计分析;提供系统安全机制;负责视频流的转换及各类信息的播放;监视车辆专业提供的列车客室视频监视图像;监视控制网络及终端设备的工作状态;负责系统故障维修的集中管理,确保系统正常运营。

四、法律法规与安全知识

城市轨道交通由国家、地方和企业统筹规划设计,其运营受到国家、地方法律法规和企业自身规定的要求,此外,国家、行业主管部门又对信号工的工作给出具体管理规定,明确了信号工的法律责任。信号工个人素质重要的外在表现就是对法律法规的严格遵守。

(一)理解相关法律、法规

法律和法规知识包括有关法律、法规、司法程序、司法解释、判例、行政命令、部门法规等方面的知识,主要有《中华人民共和国安全生产法》《中华人民共和国劳动法》《中华人民共和国劳动合同法》《中华人民共和国网络安全法》《中华人民共和国环境保护法》《中华人民共和国职业病防治法》《中华人民共和国突发事件应对法》《中华人民共和国消防法》《中华人民共和国特种设备安全法》《中华人民共和国反恐怖主义法》《中华人民共和国治安管理处罚法》《中华人民共和国标准化法》《生产安全事故报告和调查处理条例》《国务院办公厅关于保障城市轨道交通安全运行的意见》《国家城市轨道交通运营突发事件应急预案》《城市轨道交通运营管理规定》、城市轨道交通安全质量管理、城市轨道交通工程安全生产管理相关知识。

1.《中华人民共和国安全生产法》

2021年6月10日第十三届全国人民代表大会常务委员会第二十九次会议通过《全国人民代表大会常务委员会关于修改〈中华人民共和国安全生产法〉的决定》,自2021年9月1日起施行。总则第一章就明确是为了加强安全生产工作,防止和减少生产安全事故,保障人民群众生命和财产安全,促进经济社会持续健康发展而制定本法。

城市轨道交通信号检修是用标准规定的方法和工作程序来维护维修对象的工作,信号工是安全生产的坚定保障和维护者。新版《中华人民共和国安全生产法》强调了以人为本,坚持安全发展,建立完善安全生产方针和工作机制,落实"三个必须",确立安全生产监管执法部门地位。

2.《国家城市轨道交通运营突发事件应急预案》

近年来,我国城市轨道交通行业发生了巨大变化,运营规模迅速扩大,客运量迅速增加,网络化效应愈发明显。同时,国家应急管理法规体系也在不断完善,2006年《国家突发公共事件总体应急预案》、2007年《中华人民共和国突发事件应对法》和《生产安全事故报告和调查处理条例》、2010年《国家气象灾害应急预案》、2013年《突发事件应急预案管理办法》、2021年《中华人民共和国安全生产法》等一系列相关法规政策和应急预案进行了制修订。2008年国务院大部制改革,将城市轨道交通运营管理职责移交给交通运输部,原《国家城市轨道交通运营突发事件应急预案》中一些内容已无法适应行业发展和管理的新形势以及应急处置的实际需要,原《国家城市轨道交通运营突发事件应急预案》亟须进行修订完善。

2015年4月30日,国务院办公厅以国办函〔2015〕32号文形式印发《国家城市轨道交通运营突发事件应急预案》,分总则、组织指挥体系、监测预警和信息报告、应急响应、后期处置、保障措施、附则7部分,由交通运输部负责解释,自印发之日起实施。其适用于城市轨道交通运营过程中发生的因列车撞击、脱轨,设施设备故障、损毁,以及大客流等情况,造成人员伤亡、行车中断、财产损失的突发事件应对工作。

总则内明确了监测预警和信息报告,规定运营单位应当建立健全城市轨道交通运营监测体系,根据运营突发事件的特点和规律,加大对线路、轨道、结构工程、车辆、供电、通信、信号、消防、特种设备、应急照明等设施设备和环境状态以及客流情况等的监测力度,定期排查安全隐患,开展风险评估,健全风险防控措施。

3.《中华人民共和国标准化法》

为了发展社会主义商品经济,促进技术进步,改进产品质量,提高社会经济效益,维护国家和人民的利益,使标准化工作适应社会主义现代化建设和发展对外经济关系的需要,制定《中华人民共和国标准化法》。《中华人民共和国标准化法》由1988年12月29日第七届全国人民代表大会常务委员会第五次会议通过,2017年11月4日第十二届全国人民代表大会常务委员会第三十次会议修订,于2018年1月1日正式实施。

修订后的《中华人民共和国标准化法》提出了三个安全,即人民健康安全、国家安全、生态环境安全。信号工要正确理解和运用标准化法,不仅要能够正确选用标准,科学规范地执行标准,还要积极参与标准的制定与修订,促进城市轨道交通行业标准化体系不断完善。

(二)领会城市轨道交通安全与公共安全

在交通运输行业中,安全是一切的基础,没有安全就谈不上效率。信号工是信号设备稳定、安全的实际操纵者,一方面要保证信号设备的正常工作,保证工作环境与设备安全,另一方面还要保证乘客的生命安全。这两方面的安全常常是不可分割的。信号工要利用信号设备的监测系统,实时对信号设备进行监控和维护,降低信号设备故障引起的事故风险。

此外,相关安全知识有消防安全、用电安全知识、行车安全知识、机械结构安全知识、公共安全防范知识、突发事件应急处置知识、轨道交通运营安全知识、通信信号安全相关知识等。

1.行车安全知识

影响地铁行车安全的主要因素有人为因素、设备因素等。

人为因素主要有：轨道交通具有快速、舒适和便捷等优点，是人们日常出行的重要工具，承担着极大的客流量，因而容易在上下车时产生碰撞拥挤现象，尤其是客流高峰期，拥挤现象较为严重，容易造成踩踏致死或掉入轨道等安全事故。地铁建成后，很多乘客安全意识淡薄不慎落入轨道，造成地铁运行被延误，影响全线的正常运营。

设备因素主要有：当列车车速过快时，容易产生离心力，使地铁偏离正常轨道，甚至是在高速状态下直接飞出轨道造成重大伤亡事件。在地铁建设的过程中由于没有对整个施工过程进行严密的监督与验收，导致轨道建设不过关，不能满足地铁高速运营状态的高质量要求，轨道产生裂纹。供电系统是铁轨得以正常运行的保障，它为列车和地铁站的其他设施提供动力能源，地铁只有在电力牵引下才能正常运行，当供电系统出现跳闸现象或者地铁蓄电池电量不足时，都会使地铁陷入瘫痪，导致事故的发生。

2. 通信信号安全知识

地铁的正常运行需要有信号控制系统的协助。以列车自动控制系统为核心的列车信号系统是构成列车运营一体化、自动化的关键技术。当信号系统出现问题，不能对列车的运行起到控制和指示作用时，整个列车组不能实现自控，列车往往被迫停运，造成安全隐患。

信号工要牢固树立"安全第一"的思想，了解城市轨道交通信号设备维护部门安全管理的基本知识，认识各城市轨道交通运营企业的《地铁技术管理规程》《地铁运营事故处理规则》和其他有关安全生产的法律法规，牢记"三不动""三不离""四不放过""三级施工安全措施""七严禁"等基本安全制度和作业纪律，严格遵守故障及事故应急处理的规定，检修作业和故障处理时要完成联系、登记、要点、销点的流程。

第四节　技　能　要　求

一名合格的城市轨道交通信号工，应熟练掌握工作所需的各项技能，达到"善

第三章　城市轨道交通信号工的职业素养

工利器,运斤成风"的境界。善工利器出自《论语·卫灵公》中"子贡问为仁"。子曰:"工欲善其事,必先利其器。"意思是工匠想要使他的工作做好,一定要先让工具锋利。信号工要把工作做好,首先得熟练使用各种工具与仪器仪表才行。运斤成风用来比喻技术极为熟练高超。在这里表示信号工检修工作需要技术精湛。

一、会使用仪器仪表与工具

信号工能够完成信号设备的维护、检修及故障处理,少不了使用相应的工具与仪器,所以信号工要熟练使用各工具与仪表仪器,并对工具、仪器进行管理(图3-4-1)。

(一)熟练使用工具

能够正确并熟练使用各种工具,是对信号工检维修作业最基本的要求。常用的工具有螺丝刀、扳手、克丝钳、剥线钳、电烙铁、手电钻、冲击钻等。

图3-4-1　工具管理

螺丝刀也称螺钉旋具、改锥、起子,其刀杆一般用工具钢制造,头部锻造后再经过淬火处理,是一种用来旋松或紧固带有槽口的螺钉工具。将螺丝刀拥有特化形状的端头对准螺钉的顶部凹坑,固定,然后开始旋转手柄。根据规格标准,顺时针方向旋转为嵌紧,逆时针方向旋转则为松出。

扳手是一种常用的安装与拆卸工具。使用时沿螺纹旋转方向在柄部施加外力,就能拧转螺栓或螺母。在信号工的工具中通常有4种扳手,分别为梅花扳手、套筒扳手、活动扳手及呆型扳手。如在进行道岔机械调整时,就需要用到活动扳手。

克丝钳是信号工常用的一种钳类工具,主要用来切断金属丝、导线等。剥线钳是内线电工、仪器仪表电工常用的工具之一,用来供电工剥除电线头部的表面绝缘层。

冲击钻依靠旋转和冲击来工作。主要适用于对混凝土地板、墙壁、砖块,石料,木板和多层材料上进行冲击打孔。

手电钻就是以交流电源或直流电池为动力的钻孔工具,是手持式电动工具的一种。电烙铁是电子制作和电器维修的必备工具,主要用途是焊接元件及导线。

(二)正确使用仪表

数据检测仪器设备虽已有应用,但普及化不够,故日常检修仍需信号工通过相关操作、测量才能得到数据等。仪器仪表是用以检出、测量、观察、计算各种物理量、物质成分、物性参数等的器具或设备。因此,信号工要熟练使用各种仪器仪表。常用的仪表有万用表、钳型表、兆欧表、示波器、内阻测试仪、接地电阻测试仪等。

万用表是一种多功能、多量程的便携式电子电工仪表,可分为指针式与数字式万用表两种。万用表是可以测量电流、电压及电阻等多种电学参量的仪表。

钳型表(有时也叫钳形表、钳表)作为日常维护工作中必备的测试工具之一,主要用于测试电压、电流、频率等相关参数,要求其具有较高的测试分辨率、测试精度以及较多的测试功能。

兆欧表大多采用手摇发电机供电,故又称摇表。它的刻度是以兆欧($M\Omega$)为单位的。它是电工常用的一种测量仪表,主要用来检查电气设备、家用电器或电气线路对地间的绝缘电阻,以保证这些设备、电器和线路工作在正常状态,避免发生触电伤亡及设备损坏等事故。

示波器是一种用途十分广泛的电子测量仪器,它能把肉眼看不见的电信号变换成看得见的图像,便于人们研究各种电现象的变化过程。利用示波器能观察各种不同信号幅度随时间变化的波形曲线,还可以用它测试各种不同的电量,如电压、电流、频率、相位差、调幅度等。

内阻测试仪又叫内阻仪或蓄电池快速容量测试仪,是快速准确测量蓄电池健康状态和荷电状态以及连接电阻参数的便携式数字存储式测试仪器,主要用于城市轨道交通车站、车辆基地 UPS 蓄电池内阻的测量等,如图 3-4-2 所示。

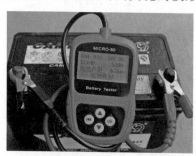

图 3-4-2　内阻测试仪

二、专业技能精湛

(一) 施工安装技能

1. 能安装

城市轨道交通信号设备施工安装包括室外设备施工安装、室内设备施工安装和车载设备安装三大部分。室外设备施工安装部分主要包括光、电缆工程,分线箱、信号机、转辙机、应答器、感应环线、轨旁 AP、波导管、计轴设备、电源设备、防雷和接地装置安装等,车载设备安装主要包括车载单元、各种传感器和天线、HMI 显示单元安装等。

城市轨道交通信号工在日常维护、检修信号设备时,也会遇到损坏的设备零部件需要更换,因此,信号工要能够施工安装更换相关零部件、板卡等。

2. 会焊接

城市轨道交通信号组合内部、组合侧面端子之间以及组合侧面端子与组合柜零层 18 柱端子、分线柜 18 柱端子之间的连接,需要软铜线在焊接片上进行焊接连接。如果以上任何一处出现断线、开路等,都需要分别进行、单独焊接。信号工焊接时,一定要掌握配线与焊接的标准与方法。

3. 精调试

城市轨道交通信号系统安装完毕,进入调试阶段,或者是更换完设备后,要进行调试方可应用。信号系统调试一般有单项设备调试、子系统调试、信号系统联调及正线系统试验。

信号工对设备更换、更新后,多数情况下进行单项设备调试。单项调试即能够单独调试其功能的设备,主要有电源设备、转辙设备、信号显示设备和列车检测设备等。

信号工进行子系统设备调试,以证明子系统的技术指标满足合同要求。子系统设备调试包括联锁子系统、ATS 子系统、ATP 子系统、ATO 子系统、DCS 子系统、MMS 子系统等的调试。

(二) 设备操作技能

1. 能熟练操作设备

城市轨道交通信号设备检修是一项操作性很强的工作,信号设备检修人员必须对信号设备的操作规范娴熟，否则无法在指定时间完成，严重影响行车效率，如果操作不规范还会导致设备故障，进而影响行车安全。所以，一名优秀的信号检修人员既要有扎实的理论学识又要有深厚的操作水平。

城市轨道交通信号工日常维护中需要操作的设备很多，如手摇转辙机、道岔密贴检查、电源屏切除与接入、UPS开关机、车载显示器等。

在日常生活中，信号工要研读作业指导书、设备使用说明书，牢固掌握设备的使用说明或操作程序，不能大意，特别是关键操作点与注意事项，需深入学习各项规定，树立防范意识。坚持"活到老学到老"的思想，可通过向同行学习、请教、交流等，或请专家进行培训，或通过网上资源来自主学习，以查缺补漏。凝聚形成"知识型、技能型、创新型"信号工，弘扬劳模与工匠精神，树精益求精的敬业风气。

2. 会设计信号电路

城市轨道交通工程设计是城市轨道交通建设以及大修的重要环节，是根据城市轨道交通建设和城市轨道交通法律法规的要求，对于城市轨道交通建设工程所需的技术、经济、资源、环境等条件进行综合分析、论证，编制建设工程设计文件，提供相关服务的活动。

城市轨道交通工程设计包括线路、桥隧工程设计、站场工程设计、信号工程设计和通信工程设计等。城市轨道交通工程设计是城市轨道交通建设的重要组成部分，是城市轨道交通建设中关于信号部分的工程设计以及信号大修的工程设计。

城市轨道交通信号工程设计的内容主要包括正线车站信号工程设计、车辆基地/停车场信号工程设计。每种均包括设计文件、施工图和预算。

信号工程设计目前主要是计算机联锁设计，设计的内容主要包括本联锁区内室内、室外信号设备的布置，联锁表的编制，电路图的设计，配线图表的设计，以及和ATC的结合设计、与车辆基地/停车场的结合设计，还包括信号监测电路的设计。

3. 能分析监测数据

为实时、准确、高效地对信号设备进行监测，反映设备运行状态，城市轨道交通信号相关部门引进了集中监测系统。集中监测系统运用现代计算机技术、传感技术、通信技术及软件工程技术，监测并记录信号设备的主要运行状态，为信号工及信号维保部门全面掌握设备状态、开展设备维修及故障、事故调查提供依据。因此,分析集中监测系统成为信号维修人员判断信号设备历史故障或当前运行状态的重要手段。

作为信号工,要能够查阅集中监测系统中的轨道电路、道岔、电源屏、电缆等信号设备状态、参数、报表、监测曲线,并能根据相关数据应用系统生成分析报告与设备运行状态预测,依据设备运行状态预测结果,实现对信号设备的"预测修"。

当信号集中监测系统出现信号设备报警时,信号工能够迅速反应,通过报警信号设备的监测参数、曲线等,能够准确判断、快速处理报警情况。

(三) 故障处理技能

1. 修复故障"熟准快"

当各种信号控制系统发生故障,影响列车正常行驶时,要求信号工在最短的时间内以最快的速度进行应急维护,确保列车运行安全、正点。因此,城市轨道交通信号系统维护职业岗位要求在进行设备维护时,做到"熟、准、快"。

熟:熟悉设备维护规程,熟悉设备性能位置,熟悉信号设备操作,熟悉系统控制电路,熟悉工具仪器仪表。准:准确观察故障现象,准确分析故障原因,准确判断故障位置。快:快速赶赴故障现场,快速沟通故障情况,快速分析判断故障,快速安全处理故障。

2. 应急处理能力强

应急处理能力是指在地铁运营期间信号设备出现故障后快速抢修使其对地铁运营的影响降为最低的能力。故障处理、应急处理都需要多方人员协同完成。应急处理能力也是信号工多种技能综合表现,是信号工必备能力。目前,世界上无论是铁路还是城市轨道交通,信号系统是轨道运输行业的核心技术。正常情况下的行车组织主要是利用先进的信号设备监控列车运行,设备越先进,平时遇到的故障会越少。在正常运营中,严格按照规章制度和岗位职责进行工作,当出现突发事件时,要按照应急预案的要求迅速、合理地处理突发事件,保障乘客的人身安全和列车运行安全。

例如,某地铁某站 ATS 工作站出现故障,信号工收到调度中心发布的故障信息,需要正线信号工与 ATS 信号工等多方面配合。ATS 工班信号工接到工作站联锁区灰显故障通知后,首先要做的是要立即了解故障概况,即了解 ATS 工作站和现地控制工作站目前的状态与显示,综合各种信息,并请正线工班人员配合查看线上设备情况,然后携带应急工具赶赴故障现场。到达现场的信号工(ATS 工班与正线工班)先对现场设备进行确认,如联锁设备上的通信网线有无松动等,并进行记录,掌握故障时设备现象,根据现象,综合多方面考虑定位故障原因,如果在短时间内无法恢复故障的,应及时上报。

由于故障出现后,信号工要与多方人员进行沟通交流,如车控室人员、现地工作站人员、站务人员、设备室内故障处理人员等的沟通联系。

3. 提升技能超主动

设备在更换、技术在更新,不学习就会落后。信号工要不断学习业务知识、安全知识和安全技能教育,强化非正常情况下的作业应变能力,进行系统超前培训。

图 3-4-3　信号工技术"比武"

坚持重现场需要、重实际操作、重实际成效的原则,进行各种业务的实际操作分解单项学习与多种组合学习。坚持"干什么,学什么",反复学、反复练。

为了提高信号工的技术技能,一般情况下,各城市轨道交通运营企业相关维保部门都会举行技术"比武"(图 3-4-3),比赛内容可以是安全理论知识,可以是轨道电路、道岔转辙机、计轴、信号机等基础设备故障处理,也可以是联锁、车载、ATS 等系统故障处理,还可以是方向盒配线绑扎、组合焊线、开剥电缆芯线等技能。信号工通过参加技术技能比武,不断提升信号工的应急处理能力。

三、持证上岗

(一)信号工职业技能证书

依据人力资源和社会保障部、交通运输部制定的国家职业标准——《轨道交通信号工(城市轨道交通信号工)》,城市轨道交通信号工要具备使用工具和设备的能力,能够进行城市轨道交通信号施工和设备维护。城市轨道交通信号工职业技能分5个等级,分别为初级工、中级工、高级工、技师与高级技师。

(二)特种作业操作证

特种作业操作证(低压电工作业)是从事电气设备安装、维修等工作必须持有的证件,是经过国家安全生产相关培训和注册的证明。城市轨道交通通信信号设备的检修与维护工作接触到的多数为弱电,因此,信号工应该具有相应的电工基础知识,上岗前应具备特种作业操作证。

(三)登高架设作业证

登高架设作业证是登高架设作业人员必须具备的作业证。在城市轨道交通中,要严格执行持证上岗制度,不仅是法律法规的要求,也是特种作业人员的义务。

信号设备不仅有安装在地面、隧道壁上,还有安装在托架、高架上,因此,信号工根据有可能需要登高作业。为保证作业人员的安全,城市轨道交通运营企业要求作业人员具备登高架设作业证。

第四章 城市轨道交通信号工的职业价值

第一节 行车安全的保障者

信号系统是保障城市轨道交通运输安全的重要设备,其安全、稳定、可靠运行依靠城市轨道交通信号工来保障。每天穿行于地下的地铁列车是靠信号系统指挥的,一旦信号系统出现问题,列车就会变得"耳聋眼瞎",长时间停运,导致大规模延误,对城市交通造成极大的影响,甚至造成人员伤害。

一、维护基础设备

在城市轨道交通系统中,信号系统的基础设备充当着地铁的"眼睛",时刻保障列车安全。例如,信号机指示列车通过或停止,一旦发生故障,则可能造成列车冒进而发生追尾等行车事故;轨道电路在城市轨道交通信号系统中起到检查轨道完整性的作用;计轴设备也具有检查轨道完整性的作用,同时能够判断地铁列车运行的方向,以及列车是否到达指定地方;道岔是改变列车运行方向,使列车从一条线路转到另一条线路的设备,地铁列车需要按照预先定好的线路行驶,才能安全护送旅客到达目的地。

安全是轨道交通的重中之重。在城市轨道交通运输系统中,地铁列车须按照信号指示运行,而信号能否开放(即信号亮起允许信号灯光,表示列车可以行驶,允许信号灯颜色为绿、黄、白),首先要检查道岔位置是否正确,即选择方向是否正确;其次要检查轨道电路或者计轴区段是否空闲,是否有车占用或者是否有故障,即行车道路是否安全畅通,确认无误后信号才可以开放。城市轨道交通如果失去信号,就会存在严重的安全隐患。

(一)保障信号显示正常

信号机作为指挥列车运行的信号设备,涉及行车安全。如果城市轨道交通信号机发生故障会对运营造成什么影响?城市轨道交通信号工应如何处理?故障对运营会造成什么影响呢?

时间: 某日 9 时 50 分

地点: 某地铁站

故障概况: 某地铁站下行出站信号机灭灯

影响: 造成多趟列车晚点

技能要求: 能处理轨旁信号设备开路等常见故障并进行应急处置

早高峰刚过不久,某地铁公司某信号正线工班(驻守在车站的信号班组)接到华夏地铁车站综控室报下行出站信号机灭灯。现象是正常运行列车通过该信号机时发生红灯断丝故障,造成信号无法开放,致使后续列车无法正常运行。

驻守车站信号人员小林及同事带齐工具、仪表等设备赶到信号机房,使用万用表测量室内与室外设备连接柜子的端子,发现有交流 220V 电压,小林根据信号机电气结构原理判断为室外设备故障。小林及同事向行车调度员汇报情况,且申请要作业时间(如到隧道现场作业需得到行车调度授权备案后方可执行)到现场处理故障,调度授权下放后,小林及同事到现场打开信号机防护盖如图 4-1-1 所示,测量红灯变压器一次(输入)电压为 220V,二次(输出)电压 10.5V,灯端电压 10.3V。其间,行车值班员在上行站台有列车占用时进行了进路操作办理,均未发现信号机开放信号。

图 4-1-1 信号工在现场处理故障

根据现场测量及排列进路后,可判断故障原因为灯泡断丝,更换信号机红灯灯泡后故障恢复,此次信号机故障造成了经过该地铁站的列车被扣车(把车强制停留在车站里等待人工确认无误后方可驶离车站)和后续车辆的积压,引发多趟列车晚点。

据不完全统计,当天影响旅客出行约 1.2 万人次。此次故障,信号工从接到(指挥中心)通知到故障处理及恢复共用了 15min,阻止故障影响范围进一步扩大,把影响范围降到最小,高效率地保障城市轨道交通运输的畅通,保卫市民安全准点出行。城市轨道交通信号工就是这样的一群人,时刻保卫着城市轨道交通信号系统的安全运行,进而保证市民的安全出行。

(二)保障列车线路畅通

轨道电路是利用钢轨线路和钢轨绝缘构成的电路,是铁路信号重要基础设备。尽管当前在城市轨道电路在信号系统建设初期起到了重要作用,主要为检测列车运行情况或作为后备模式使用,同时可检测轨道是否完整,比如断轨判断。如将信号机比作轨道交通的"眼睛",那么轨道电路可比作是遍布人体全身的"十二经络",是实现室内外列车位置信息显示的重要设备,是信号系统不可或缺的一部分。图 4-1-2 所示为最简单的轨道电路。

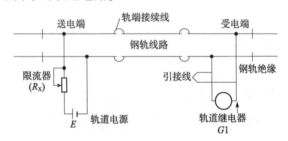

图 4-1-2 最简单的轨道电路

时间:某日 17 时 38 分

地点:某地铁站

故障概况:轨道区段红光带故障

影响:造成停运列车 2 列,晚点列车 12 列,中途清人折返 5 列,调整列车运行表 17 个

技能要求:能根据故障告警信息及表示灯的异常显示判断设备状态

某地铁公司某车站信号值守人员在车站控制室巡查时看到该站折返进路的

2-4DG(2-4轨道区段)红光带故障;信号人员在车站控制室办理相关故障处理登记手续后赶往机房查看设备状态,并立刻向调度指挥员汇报现场情况;信号人员发现2-4DG发送盘各表示灯显示正常,接收盘"处理器运行""电源"等表示灯均显示正常、"输入有效"和"输出"表示灯处于灭灯状态;用万用表测试发送盘输出为52.6V,接收盘输入0.06V(正常值为0.18V),分线柜测量为0.068V,由测量数据判断为室外故障。信号人员再次向调度员申请下隧道处理故障,经调度员批准后信号人员带齐工具,在车站控制室进行二次确认登记后进入隧道。经过现场测试分析是2-4DG接收盘故障,原因为数字板卡电容实测值比标称值低30μf,使得带通滤波器通过频率变小。

该事故影响了该站2-4DG红光带,影响2列车停运,晚点12列(均2min以上,其中5min以上2列),中途清人折返5列,调整运行时刻表17个。

(三)保障设备计数精准

在地铁线路中,每个区间(两个车站之间)可以划分为若干个轨道区段,若使用计轴设备来监测每个轨道区段的占用状态,则需要在每个轨道区段的始端及尾端安装计轴设备。

计轴系统用于自动监控区间线路和车站线路,将线路的"空闲"或"占用"信息反馈到控制中心。图4-1-3所示为计轴工作示意图。

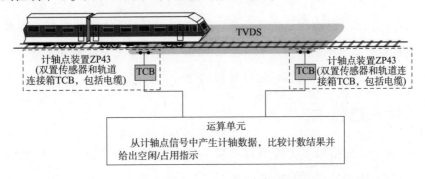

图4-1-3 计轴工作示意图
TCB-轨道连接箱;TVDS-轨道空闲检查区段

时间:某日21时44分

地点:某地铁站

故障概况：计轴区段红光带

影响：造成停运3列,晚点8列,该站调整清人回段2列,调整列车表5个

技能要求：能根据故障告警信息及表示灯的异常显示判断设备状态、能更换单项设备模块

某地铁公司信号值班人员小林接到某站综控室值班员电话报：人机界面显示7DG、9G、11G、13G红光带,并出现计轴切除报警。随即小林及同事3人携带仪表工具及计轴备件,乘坐列车赶往该站。小林等人员到达该站后进入信号机械室,发现计轴机柜内数据处理单元层数据处理板PAB(指示灯名称)红灯亮,控制诊断板0灯位闪亮,6灯位和11灯位亮,根据计轴故障代码手册,判断为闭塞信息板输出控制出错。

随后小林等人向调度员申请对死机计轴主机进行重启,但是需等待列车出清7DG、9G、11G、13G(轨道区段由"有车"到"无车"称为出清,由"无车"到"有车"称为占用);列车出清后小林等人立即进行计轴重启操作,并联系综控室值班员和行车调度员进行计轴复位操作,计轴复位操作完毕,故障恢复。

此次该站13G、9G、7DG棕光带,11G红光带。影响停运3列,晚点8列(均5min以上),该站调整清人回段2列,调整列车表5个。

当晚对故障单元层的闭塞信息板进行复查、测试(f1、f2、U1、U2均正常)、试验,各项指标正常。结合故障情况分析认为：故障时计轴设备受当时机房温度过高影响,造成板卡工作不稳定。为消除隐患,当夜对故障单元层的两块闭塞信息板进行更换。同时,对该站计轴机柜进行清扫、整治。

二、维护车载设备

城市轨道交通信号系统按照目前较为通用的划分方式,信号系统的设备以安装地点划分为车载设备与地面设备两部分,顾名思义,车载设备为安装在车上的设备,地面设备为安装在轨道或地面上的设备。

车载控制器(Vehicle On-Board Controller,VOBC)好比列车的大脑,控制着列车的一举一动,列车什么时候走,应该跑多快的速度,都是通过"大脑"来实现的。区

域控制器(ZC)是地面信号系统的"中枢神经",可以识别其管辖范围内所有列车的位置,并且告诉列车其前方列车的位置。通过结合列车自身的制动模型,"大脑"可以计算出一条运行曲线,计算出什么时候需要减速、什么时候需要制动、什么时候可以继续加速,控制列车按照运行曲线(列车移动授权)运行;信号电源系统充当着信号系统的"心脏",给信号各子系统源源不断输送电能(血液);DCS好比外神经系统,负责各信号子系统之间的联系和通信。

(一)保障车地通信准确

目前城市轨道交通信号系统中,对车载子系统一般会设立一个"车载检修工班"专门负责检修和维护车载子系统中的车载信号设备。

车载信号设备位于列车内,包括车载主机柜、车载设备人机界面、接收天线、测速传感器等,如图4-1-4所示。

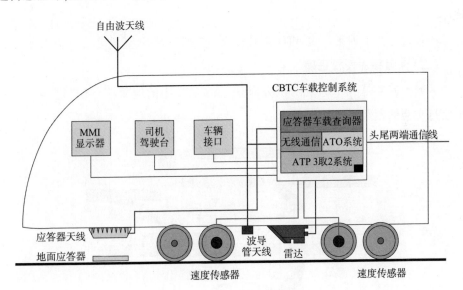

图4-1-4 车站设备结构示意图

时间:某日15时50分

地点:某次列车

故障概况:列车VATC-A机到ATO板线缆故障

影响:造成1列列车由ATO模式转为人工驾驶模式,调整多个时刻表

技能要求：能整治车载信号设备、线缆接头等，能安装、调试管辖内车载信号设备

某地铁公司某次列车在 A—B 站下行，T32001 区段零速出错并显示红光带，列车操作控制台显示数据通信系统通信故障，司机限制人工驾驶模式（RM）出清后消失。

列车在 A 站下行时，故障时间段为 A 机主控，该次列车在 A—B 站下行区间失去通信，该次列车与轨旁恢复通信时已进入 T32001 区段，造成红光带，导致列车产生紧急制动，列车 RM 模式出清后 T32001 区段红光带恢复。

故障原因为该次列车 VATC-A 机水晶头到 ATO 板线缆故障，导致 VATC-A 机与轨旁丢失通信，列车在丢失通信的情况下压入 T32001 区段，造成该区段红光带。司机以 RM 模式出清，故障恢复。更换 VATC-A 机水晶头到 ATO 板线缆后，测试良好。

该事故造成 1 列列车由 ATO 模式转为人工驾驶模式，调整多个时刻表。

（二）保障移动授权正确

区域控制器是 ATP 系统的轨旁部分，是 CBTC 中的地面核心控制设备，是地-车信息交互的枢纽，如图 4-1-5 所示。

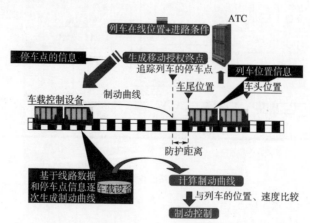

图 4-1-5 地-车信息交互

系统根据车载测速定位设备获知列车本身在线路上的位置，并由车载设备将列车位置、区段占用情况实时向 ZC 报告，同时联锁系统将线路信息，包括信号显

示、道岔位置、站台门状态发送给 ZC 和车载，然后 ZC 向列车提供移动授权（允许行驶权限），保护列车的运行。ZC 负责管理运行在其管辖范围内的所有列车。

区域控制器的主要功能有：管理辖区内所有运行列车、生成行车许可、保证列车进入和驶离管辖区域的运行安全等。根据轨道上"障碍物"的位置，向辖区内所有列车提供行车许可。所谓"障碍物"包括前行列车、关闭区域、失去位置表示的道岔，以及任何外部产生的因素，如紧急停车按钮、站台门、防淹门和隔离保护门等。同时，地面 ATP 系统还负责对相邻地面 ATP 系统的行车许可请求做出响应，完成列车从一个区域到另一个区域的交接。

时间：某日 15 时 50 分

地点：某地铁站

故障概况：区域控制器通信故障

影响：造成列车晚点 2~5min 1 列、10~15min 2 列、15~30min 5 列

技能要求：能判断处理机具、专用测试台常见故障，能综合处理磁路、电路和机械故障

某地铁公司，ATS 工班（也称为中央工班）、正线工班人员接调度报 6 号线全线列车有不明原因紧急制动（一般是遇到特殊情况或者超速才会紧急制动）。ATS 信号人员到达测试室查看详细设备状态、DCS 网管状态，除了连续的列车制动弹出式告警外，其余设备均无异常。同时 ATS 信号人员到中央信号设备房查看应用服务器及网关计算机运行状态，均正常。

信号人员到达 OCC 调度大厅配合故障处理。ATS 值班人员对 534 车做场强（电场强度）测试，验证车-地通信正常。信号抢修人员再次确认故障范围，为某区间列车有不明原因紧急制动。查看场强测试结果均无异常，排除车-地通信失效故障。信号人员向行车调度员汇报须重启 ZC5（区域控制器 5），并对 ZC5 进行了重启。ZC5 机柜重启成功后行车调度确认 6 号线全线列车恢复 CBTC 模式运行，由此该故障原因为 ZC5 区域控制器存在通信故障。

本次事故造成列车晚点 2~5min 1 列、10~15min 2 列、15~30min 5 列。

（三）保障信息传输通畅

随着信息技术的快速发展，城市轨道交通信号系统的安全、快速、稳定都离不

开通信系统,DCS 是一种新型的系统网络,能够提供整个信号系统所需的数据交换服务,把城市轨道交通信号的其他子系统联系起来,类似人的外部神经系统。

时间: 某日 16 时 57 分

地点: 某地铁站

故障概况: 网络通信故障

影响: 未造成影响行车事件

技能要求: 能进行故障设备的主备机软件切换能更换单项设备模块

某地铁公司 ATS 工班小凌接调度员报,16 时 57 分行车调度工作站显示东风站 LCW-1、LCW-2 通道连接中断,A 站、B 站发车计时器(DTI)驱动机通道连接中断告警。随后,小凌到达调度大厅了解情况并通知工班长、工程师。小凌查看 ATS 回放、报警记录及检查设备运行情况,检查 DCS 网络状态,发现主机 A(为了更可靠地运营,城市轨道交通信号系统中基本都会使用冗余,即双套设备运行,一套主用,一套备用)与分机 B 通道连接正常,但与中心应用服务器通信不正常,作为主机的 A 机不能把联锁信息上传至中心应用服务器。分机 B 虽然与中心应用服务器通信正常,但是作为备机不输出,导致 HMI 收不到深云集中区的联锁信息,出现短时灰色显示。

对分机进行上电测试,灯位显示正常,软件通道连接正常。1min 后 B 站主机 A 再次出现通道连接中断报警,如图 4-1-6 所示。

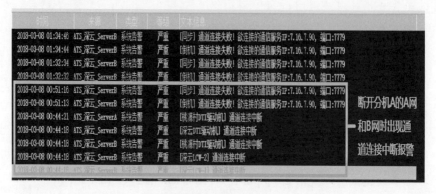

图 4-1-6　报警信息

测试东风站 ATS 主机 A 至交换机的网线,网线连接正常,灯位显示正常如

图4-1-7所示。

图4-1-7 网线测试

随后小凌手动切换B机为主用，A机作为备用，计划利用临时抢修点对A机故障进行抢修，将故障分机、服务器关闭，采用单机运行模式，防止双机频繁切换扩大故障范围。次日00时51分，更换东风站分机A主模块后故障恢复，主备切换测试正常。

本次事故未造成影响行车事件。

（四）保障供电设备正常

城市轨道交通信号系统就像是人类大脑的中枢神经系统，关系到整个城市轨道交通系统的运营。而信号系统中的电源设备，就像是人类身躯中的血液，不断为各个子系统提供澎湃的动力，一旦电源设备故障，将可能导致全站信号设备失电或管辖联锁区内信号设备无法正常工作，严重危及运营安全。

时间：某日9时22分

地点：某地铁站

故障概况：电源屏模块通信中断

影响：未造成影响行车事件

技能要求：能根据故障诊断码表、告警信息及表示灯的异常显示判断设备状态，能更换发生故障的电子电气设备

某地铁公司信号值班员小杨接南湖车控室值班员报告，综合后备操作盘

(IBP)电源屏报警蜂鸣器响,查看微机监测显示为电源屏通信中断报警。随后小杨到达南湖站设备房(又称机械室)后,查看电源屏监控模块显示 DHXD-TE1-2 模块通信中断,该模块面板故障指示灯和保护指示灯点亮。经分析判断为该站 DHXD-TE1-2 电源模块通信接口故障。

该故障影响电源模块通信中断故障但不影响正常供电,考虑到电源模块采用 1+1 冗余,在没有影响运营的情况暂时不考虑处理,以免造成故障升级,影响行车,待运营结束后进行模块更换。

三、维护联锁设备

列车从一个点行驶到另一个点所经过的路线称为行车进路,列车变换运行方向、选择不同行车进路是通过道岔转换实现的。联锁设备负责锁定并保障列车进路安全,确保列车所走的路与它想去的目的地是相同的。因此,行车进路安全,不仅要保证列车行驶方向正确,还要保证列车运行前方的道路状态安全。

区域控制器下达列车目的地指令时,会同时也将此指令下达至联锁设备,身为"保镖"的联锁设备需要检查列车前方的道岔状态、轨道状态、信号机状态等安全信息,确保前方的路程安全畅通后,将这些信息反馈给列控设备,由列控设备判断列车前方能够运行的距离。当所有的信息都反馈回车载控制器后,车载控制器便会作出正确的判断,指导列车安全高效地运行。

计算机联锁控制系统的联锁机构是由计算机构成的,多采用工业控制用的微型计算机或特殊设计的计算机构成联锁机构,一般称为联锁机。系统的组成结构框图,如图4-1-8所示。

(一)保障正线联锁设备运行稳定

正线联锁设备与传统的车站联锁在原理上相似,即在信号机、道岔和进路之间建立一定的相互制约关系,以保证列车在进路上的运行安全,不同之处在于正线的联锁是 ATC 系统的基础,联锁功能设计的优劣直接影响 ATC 系统的行车安全、折返功能和行车间隔。

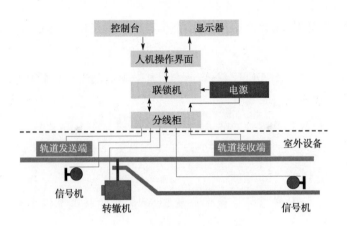

图 4-1-8 计算机联锁控制系统组成结构

时间:某日 15 时 56 分

地点:某地铁公司某线正线工班

故障概况:计算机联锁安全型双断输出板(VOOB,用于驱动)故障

影响:未造成影响行车事件

技能要求:能根据故障诊断码表、告警信息及表示灯的异常显示判断设备状态

某地铁公司正线信号值班人员小张接到 ATS 工班值班人员报:机场站联锁 A 机 VOOB 板第 3 层第 7 槽道 VOOB 板 2 灯位故障。

小张带齐工具,进入设备房查看联锁机柜,根据故障现象判断为 A 机 7 槽道 VOOB 板故障,由于不影响运营,小张向调度人员和工班站汇报后,调度人员同意信号人员在机场站现场值守(值班),待运营结束后处理。

次日 1 时 30 分,小张同事查看联锁 A 机机内配线无异常,便更换联锁 A 机第 3 层第 7 槽道 VOOB 板,重启联锁机后,查看联锁系统维护工作站(SDM)报警消失,切换至 A 机工作排列进路,操作道岔等联锁功能良好,交付使用。

(二)保障车辆基地联锁设备运行稳定

车辆基地/停车场联锁设备是城市轨道交通的重要信号设备,用于完成车辆基地/停车场内建立进路、转换道岔、开放信号以及解锁进路等作业,实现道岔、信号、进路之间的联锁关系,以保证行车安全,提高作业效率。车辆基地/停车场的联锁设备早期采用继电集中联锁,目前多采用计算机联锁。

时间:某日 20 时 14 分

地点:某车辆基地

故障概况:联锁 B 机 DC 12/24V 电源模块故障,造成联锁 A/B 机不同步

影响:未造成影响行车事件

技能要求:能根据故障诊断码表、告警信息及表示灯的异常显示判断设备状态

某地铁公司车辆基地信号值班人员小林接到车辆基地调度报天山车辆基地联锁机"不同步"报警。

接到通知后,小林进信号机械室查看 SDM 信息和联锁机板卡及灯位,发现联锁 B 机不断重启。

经查看发现,联锁 B 机 DC 12/24V 电源模块中的 12V 电源工作指示灯处于灭灯状态,随后测量该电源模块电压为 DC 0/24.05V,初步判断为联锁 B 机 DC 12/24V 电源模块故障,因车厂需要收车,所以暂时关闭联锁 B 机,待凌晨请临时抢修点进一步排查。

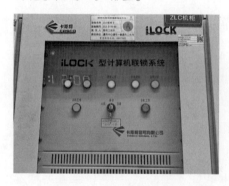

图 4-1-9 联锁机恢复正常

次日抢修队更换联锁 B 机 DC 12/24V 电源模块完毕,重启联锁 B 机,设备恢复正常,如图 4-1-9 所示,测量更换后的电源模块电压为 DC 12.05/24.03V。测量 B 机各板卡电压参数均在正常范围值,检查联锁机各板卡无松动,线缆、插口、灯位显示均正常。

原因分析为联锁 B 机 DC 12/24V 电源模块故障。

四、维护中心设备

行车监督设备指挥线路上所有的列车,好比是列车的"总指挥"。每列列车每天应该怎么跑、目的地是哪里,应该跑几圈,几点出发几点回家,都是由"总指挥"来决定的,当列车晚点的时候,"总指挥"会督促列车跑快些;当列车出现故障不能够正常运行时,"总指挥"也会及时通知维护人员准备候补列车上线,保证当天运

行任务完成。而列车自动监控系统作为地铁信号控制系统的一个重要组成部分,与联锁设备、轨旁 ATC 设备、车载 ATC 设备等其他信号系统一起工作,实现信号设备的集中监控,并按照预先制订的运营计划,将列车控制在正线内自动运行。同时,ATS 子系统与时钟系统接口,获取系统同步信息,并与无线、旅客向导、综合监控、广播等多个系统有接口,为其提供信号和列车运行的相关数据。

ATS 子系统监控范围为地铁运营线路正线,对车辆基地和停车场的信号设备只进行监视但不进行控制。ATS 子系统的设备分布于控制中心、正线设备集中站、非集中站、停车场、车辆基地,在车辆基地中设置培训中心、备用中心和系统维修中心,当主用控制中心故障时,备用中心设备可以接管主用控制中心的功能而作为控制中心使用。控制中心集中控制列车正常运行。集中控制包括了从全自动控制模式(带时刻表调整功能)到手动操作模式等多种不同的系统模式。

(一)保障中心控制设备稳定

ATS 系统是作为整个地铁信号系统的指挥中心而存在的,其主要任务是对线路中全部列车的运行状态实施监视和控制。而服务器作为 ATS 系统的关键设备,负责对信号系统的有效监督和对各项功能软件运行的实时控制,因此,确保 ATS 系统服务器的高效运行具有十分重要的现实意义。

服务器作为 ATS 系统的核心设备,其包含硬件和软件两部分。运用正确的维护方法及使用安全策略,可以降低故障的发生概率,确保 ATS 系统的正常运行,为地铁行车指挥提供正确、及时的依据。

时间:某日 22 时 05 分

地点:某地铁站

故障概况:A 网交换机故障

影响:造成停运 2 列,晚点 35 列,调表 40 个

技能要求:能判断处理系统接口软硬件故障,能判断处理线缆断线故障

某地铁公司某路站值班人员小高看到人机操作界面(Man Machine Interface,MMI)上的"当前控制区域=0 并且在闪",10s 后自动恢复,MMI 上未发现有报警或异常。小高将情况立即汇报到信号机房(设备房)并查看微机联锁、现场 ATS

(LATS)设备运行状况。

此时设备均处于正常工作状态,但查看 SDM 记录时发现"系统维护台与联锁 A 机""操作 A 机与联锁 B 机"等有 A 网通信中断记录,1~2s 后又连接成功。小高再次检查了微机联锁的交换机和系统维护台、操作 A 机、操作 B 机网卡的指示灯,其工作均正常。小高同时与综控员联系说明其在机房盯守观察设备运行的情况。

再次接到该路站综控员通知:"上行车次窗时有时无"。小高立即观察微机联锁、LATS 设备,微机联锁的交换机和系统维护台、操作 A 机、操作 B 机网卡的指示灯,工作正常;到综控室查看 MMI 设备状态发现,故障已经恢复。

通过查看 SDM 记录,发现"系统维护台与联锁 A 机""操作 A 机与联锁 B 机"等有 A 网通信中断记录,1~2s 后又连接成功,初步判断为 A 网的网络连接问题。

停运后,对微机联锁与 A 网相关的设备、线缆逐级进行排查,检查了交换机、工控机、光纤接续盒网线、光缆的插头等,发现安装在综控室的一台"光猫"表示灯存在闪烁间断现象,将 A 网交换机与 MMIA 机的信息网线,与 MMIB 机的信息网线对调,该"光猫"表示灯显示正常,由此初步判断故障点在 A 网交换机上。更换 A 网交换机后,SDM 上 A 网通信中断报警消失,设备故障修复。

此次该路集中站站管区段内各列车车次号丢失,影响停运 2 列,晚点 35 列(2min 以上 25 列,5min 以上 11 列),调表 40 个。对全线交换机及集线器等网络设备状态进行排查。

(二)保障中心网络传输通畅

城市轨道交通专用通信网是指专用于组织、指挥城市轨道交通运营行车的专用通信系统。这些设备专用于接收/发送语音、数据、图像、多媒体等信息,为指定的用户提供服务。城市轨道交通专用通信系统由数据传输、公务电话、专用有线调度电话、无线列车调度、闭路电视监控、车站广播、时钟、旅客信息引导显示、防雷、光纤在线监测、动力环境监测和 UPS 等系统组成。

控制中心是城市轨道交通运营生产的基础,是保证行车安全、提高运营效率、提升运营服务质量的重要设施。在科学技术迅速发展的时代,具有现代化特征的专业通信网,是城市轨道交通的重要标志之一。

时间：某日 11 时 17 分

地点：调度大厅

故障概况：驱动板器件老化引起电源电压不稳定

影响：造成多趟列车 5min 以上晚点事故

技能要求：能根据故障诊断、告警信息及表示灯的异常显示判断处理故障

某地铁公司信号值班人员小李接行车调度员报大屏显示异常。信号人员赶到现场发现，大屏及三台调度员工作站全部离线并打电话汇报调度室。同时发现中心设备两台应用服务器及两台数据库正在自动重新启动，并通知行车调度员和调度室，行车调度员将控制权下放车站办理。

其间，信号工查看通信前置机、网关计算机以及 ZC、LC 设备正常，另一个信号工到达电源室查看电源显示正常，两台数据库服务器和应用服务器重启完成后故障恢复，行车调度员经过试验查看，确认故障恢复后收权。

故障原因为四台服务器同时非正常重启。

经初步分析，四台服务器同时重启，通过 Windows 系统日志判断为因服务器电源模块老化，抗干扰性能下降，ATS 设备电源输入不稳定，出现瞬间波动，导致此故障的发生。夜间进一步对信号 UPS 电源设备进行排查，发现逆变器驱动板电压不稳，正常电压应为 13～15V，而实际测量瞬间可达 140V 左右，故确定为驱动板器件老化引起，已联系厂家对驱动板进行更换。

此故障造成多趟列车 5min 以上晚点事故。

第二节　行车效率的保障者

效率是指单位时间内完成的工作量，而行车效率可认为是乘客出行花费的时间。因此，从某种意义上讲，城市轨道交通信号工的另一个职业价值是确保乘客的出行效率。城市轨道交通会让乘客出行变得很便捷，乘客出行时间会比其交通工具都更为准确、更好把握，例如计划去机场或者火车站，大部分乘客会选择城市轨道交通，原因是可以准确算出达到目的地的时间。不同于道路交通存在较多的不

确定因素,如堵车、交通管制等,出行时间难以确定,因而城市轨道交通成为人们日常出行的首选方案。

一、确保列车准点运行

目前城市轨道交通运输与其他运输方式相比,最明显的特点是列车准点、位置精确度高、行车间隔短、行车密度大等特点。

列车自动运行装置,也称列车自动驾驶系统。ATO 的主要功能是实现列车的加速、巡航、减速、精确停车以及停车后自动开启车门和站台安全门。ATO 是轨道列车集中控制系统的一个子系统,是列车自动控制系统中必不可少的一个重要子系统。它能模拟完成驾驶列车的任务,通过利用地面信息实现对列车牵引、制动、自动折返等运行控制,使列车经常处于最佳运行状态,提高乘客的乘坐舒适度和列车的准点率,节约能源。ATO 使列车运营成本降低、增加运营弹性,使密集发车成为可能。

(一)保障列车全自动运行安全

列车自动驾驶顾名思义就是列车自动运行,目前新建地铁线路基本选择完全无人驾驶,即完全由信号系统进行列车控制,列车根据地面信息,如当前坡度、前方到站距离、前方停车时间等,计算出最优运行模式,从而提高运行效率。列车自动驾驶从根本上说节约运营成本,减少人为的出错,使得整个信号系统无人参与,从而确保整个地铁信号系统在一个闭环的控制系统中。

时间:某日 0 时 15 分

地点:某地铁车站

故障概况:计轴复零故障

影响:设备检修未影响行车

技能要求:能分析、处理各种轨旁信号设备告警信息,能测试筛选元器件

凌晨地铁运营结束后,某地铁车站设备房月检发现 T111068 区段棕光带,对应复零板灯亮稳定红灯(亮度较暗),对应监测机箱板 13 灯位亮稳定黄灯。

由于该故障并不影响计轴系统的正常功能,且灯颜色较暗,同时现场已更换相

关板卡但故障仍然存在,可以推断是 ACR2.1(ACR:计轴器复位)指示灯有混电导致故障发生。

对复零板后的监测接口进行插拔,发现复零板 ACR2.1 灯灭灯,故判断监测回路存在串电。对故障区段复零板到监测机箱背面监测线接口与正常区段 T111070 监测线接口进行对调试验,发现 T111070 复零板 ACR2.1 灯亮稳定红灯,T111068 区段复零板 ACR2.1 灯灭灯,排除此监测线串电可能。对故障区段监测机箱处排线与正常区段 T111070 监测线进行对调试验,发现 T111070 复零板 ACR2.1 灯亮稳定红灯,T111068 区段复零板 ACR2.1 灯灭灯,判断为监测排线(图4-2-1)。

图 4-2-1　信号设备连接排线

综合分析原因为监测排线接口工艺不良,接头存在松动,存在容易串电的风险。本次故障由于运营停运后进行检修作业时发现故障隐患,及时处理,保证了第二天的正常运营。

(二)保障列车自动防护设备有效

列车运行速度受到列车自动防护监督,速度调整可以使列车在运行过程中保证车速平缓,在保证乘车舒适度的同时又保证了乘车效率,让乘客的乘车体验更好。

时间:某日 14 时 23 分

地点:A—B 站的上行区间

故障概况:列车发生不明原因紧急制动

影响:造成多趟列车晚点

技能要求:能完成车载信号设备动态测试,能使用计算机采集、分析车载数据

二、确保行车组织有序

(一)保障列车运行图管理有效

列车运行图是利用坐标原理来表示列车运行情况的一种图解形式,如图 4-2-2 所示。从列车运行图中可以反映出列车始发站至终点站,包括在各区间的运行时

分，途中经过车站的到达、出发或通过时刻，以及占用区间的先后顺序和车底（机车）交路等。

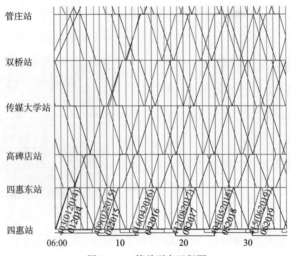

图 4-2-2　简单列车运行图

城市轨道交通列车运行是一个很复杂的系统工程，它要求与之相关的各部门、各工种、各项作业之间只有相互协调配合，才能保证列车运行的安全和提高运输效率。因此，列车运行图既是组织列车运行工作的基础，也是各部门、各工种行车工作人员相互配合协调的主要依据。

列车运行图是运行组织工作的一个综合性计划，是按所规定的要求来安排工作的。例如，车站要根据列车运行图所规定的列车到达和出发时刻，来安排本车站的行车组织工作和客运组织工作，每天运营前车辆维修部门要整备好运营需求的列车数；车辆运转部门要根据列车运行图的要求确定列车的派出时刻和乘务员的作息计划；工务、通信、信号、供电、机电等部门也要根据列车运行图来安排施工计划和维修计划；行车调度员要根据列车运行图来指挥列车运行，如图 4-2-3 所示，因此，列车运行图是城市轨道交通运行组织的一个综合性计划。

图 4-2-3　行车调度员在指挥大厅工作

时间：某日 5 时 10 分

地点：某地铁站

故障概况：×号线某地铁站列车出库进路触发错误及部分正线进路无法自动触发

影响：造成始发列车晚点

技能要求：能进行中央信号设备子系统核心设备上电初始化操作，能启动和关闭应用软件

某地铁公司行车调度员在人机操作界面上发现×号线该地铁站列车出库进路触发错误及部分正线进路无法自动触发。调度员马上通知 ATS 工班(也叫中央工班)信号值班人员。信号值班人员小李接到通知后，迅速到机房检查设备运行状态；调阅运行日志且进行分析，初步判断为运行图在数据库中有残留，向调度员申请重新导入×号线运行图后台数据。运行图导入成功后，向调度员请求重新分配全线列车班次。经行车调度员手动分配列车班次后全线列车进路触发恢复正常。

故障恢复后，小李向工班长汇报，并分析日志结果，判断为应用数据工作安排增加了交路后，offline 软件重新生成 flexible_route.xml 以后，route id 发生了变化。

现场采用的当天时刻表仍是通过数据转化导入到数据库里面的，而传入到数据库里的路径已经发生变化，列车匹配上车次号以后，会自动到数据库中匹配对应的 route id，然而 route id 已发生变化，进而导致列车进路触发问题。本次事故造成始发列车晚点。

(二)保障行车信息处理及时

列车自动监控系统的监督功能则是通过控制中心或各车站的调度终端，将列车运营的状态和信息实时显示出来，以便相关人员能够及时对行车作业进行分析和调整，保证全线运营安全、高效、有序进行。列车自动监控系统可以显示全线列车的动态运行情况，在线路上出现故障或紧急情况时，可以通过列车自动监控系统对事故进行全面指挥和处理，调配资源，及时排除故障，恢复正常运营作业，提高工作效率。

时间：某日 17 时 46 分

地点：控制中心行车调度大厅

故障概况：控制中心 ATS 工作站 1 显示器黑屏

影响：未影响行车

技能要求：能进行中央信号设备检修工作，能判断处理调度中心大屏系统故障

某地铁公司控制中心行车调度大厅行车调度员发现控制中心 ATS 工作站 1 显示器黑屏，立即通知通号分公司控制中心信号值班人员（图 4-2-4）。通号分公司维修人员小马接到通知后，马上准备工具、仪表，前往行车调度大厅处理。小马进入等候室登记后，进入行车调度大厅查看控制中心 ATS 工作站，确认 ATS 工作站 1 显示器黑屏，其他 ATS 工作站正常，判断确认 ATS 工作站 1 单机故障。

小马检查显示器电源灯显示正常、主机工作指示灯正常，检查显示器信号源选择正确；对显示器信号显示进行测试，显示器显示正常；对视频线进行测试，发现视频线的转接头接触不良；对 ATS 工作站 1 的视频线的转接头进行更换，ATS 工作站 1 恢复正常显示，检查工作站界面显示正常；通知行车调度员 ATS 工作站 1 恢复正常，交付使用。图 4-2-5 为信号工查看 ATS 工作站状态。

图 4-2-4　作业人员接报故障　　　　　图 4-2-5　查看 ATS 工作站状态

（三）保障列车运行调度统筹

随着我国城市轨道交通的发展，行车密度的不断增加、行车间隔的不断减小对行车的组织安全保障提出了更高的要求。行车调度员不仅需要利用有线调度系统与列车司机、车站值班员进行通信联络外，在紧急情况下，还需要通过无线通信直接进行应急抢险和指挥工作。以列车运输调度为目的，利用无线电进行传输，完成移动体与固定体之间或移动体与移动体之间信息通信的系统，称为列车无线调度

通信系统。这是一种专用的移动通信系统,在城市轨道交通上得到广泛的应用,是调度通信系统的重要组成部分。图4-2-6为地铁调度大厅。

图4-2-6　地铁调度大厅

时间:某日20时05分

地点:调度中央大厅和中央机房

故障概况:发现全线列车行车编码变红,AP(无线天线)环网内半数AP变红

影响:未影响行车

技能要求:能利用测试数据分析设备电气特性、排查设备隐患,能使用在线监测系统测试、分析所管辖内信号设备技术指标、状态

某地铁公司车站信号驻勤人员接到行车调度员报11号线全线列车无速度码后,信号人员分别抵达中央大厅和中央机房。行车调度员令全线列车以限速人工驾驶模式行车。

信号人员查看NMS(综合维修)工作站,发现全线列车行车编码变红,AP(无线天线)环网内半数AP变红。初步判断为AP环网内网络风暴故障,同时请驻勤信号人员向行车调度员申请A站集中站转换后备运行模式;A站集中站转换后备模式成功后,信号人员发现AP环网内有一发车表示器DI2302挂红,判断可能为该设备造成网络风暴,于是关闭该发车表示器电源,此时环网内AP逐步恢复。到下午全线全部恢复CBTC模式。

此次事件的直接原因是DI2302发车表示器故障造成AP环网网络风暴,导致

11号线发生全线列车无速度码,造成运营晚点25min。

本次故障属于信号系统设计缺陷,发生故障时没有导向安全状态,不符合信号设备"故障导向安全"的基本准则。现场抢修人员在处置过程中,定位准确,处理得当,但还是对运营造成了一定影响。后续应对维护人员进行相关应急预案培训及针对性演练,同时将本次故障作为案例通报相关线路的值班人员,便于其熟悉此类故障发生的现象和处理方法,提高此类故障进行处理的反应速度,缩短故障处置时间。

三、应急救援保障

信号系统在铁路运输行业中,主要涉及行车安全和行车效率。在遇到信号系统故障时,需要信号专业人员快速排查恢复故障,以便尽快为乘客提供安全、准点、舒适的乘车服务。

(一)管理制度标准化

在城市轨道交通信号系统中,信号设备发生障碍时应积极组织修复。针对运营期间发生的信号故障,信号专业人员已就核心设备为行车调度制定了专业故障应急处理指南、专业设备操作手册等,同时针对设备维护检修也给出了标准的检修规程,组建了故障应急抢修队伍、专门准备了故障抢修工具等,以为列车的运行安全保驾护航。

(二)事故预防规范化

在列车运行过程中,常见的故障主要有以下几点。

(1)一般故障,未影响设备使用时,行车调度员通报给信号专业人员后,根据故障现象进行判断,如不影响行车则继续运营,如需要修复应在联系、登记后,会同车站人员进行试验,判明情况,查找修复;如试验中发现设备严重缺陷,危及运营安全,一时无法排除应通知车站人员并登记停用设备。

(2)设备使用已受影响的故障,信号专业人员应首先登记停用设备,然后积极查找原因,排除故障,尽快恢复使用;如不能判明原因,应立即上报,听从上级指示处理。

(3)当发生与信号设备有关联的机车车辆脱轨、冲突、颠覆事故时,信号专业人员不得擅自触动设备,同时派人监视、保护事故现场,并立即报告工班长和信号专业调度。

(4) 当发生影响行车的设备故障时,信号专业人员应将接发列车进路排列状况,调车作业情况,控制台、显示屏的显示状态,列车运行时分,设备位置状态以及故障处理情况,登记在"行车设备检查登记簿"内,作为原始记录备查。

(三) 应急救援演练

地铁人流量大,且深入地下,万一发生事故,救援难度大,特殊的环境也不利于疏散,后果是不堪设想的,图 4-2-7 是发生在国内外的几起地铁脱轨图片案例。

图 4-2-7 事故现场照片

由于地铁空间相对封闭,地铁列车在隧道内发生脱轨事故,救援难度极大,救援部署工作需要各部门在每个环节上紧密配合协作。表 4-2-1 为脱轨种类,表 4-2-2 为应急处置措施。

列车脱轨主要分类　　　　　　　　　　表 4-2-1

分类	风险点	诱发因素	后果(可能导致的事故)	影响范围
正线脱轨、车辆停车场内脱轨	道岔、线路、探伤不到位、列车	道岔状态不良、钢轨材质问题、焊缝质量不良、受到外力撞击、列车设备状态不良等	列车脱轨、中断正线行车,影响出厂、回厂列车运行	正线运营、车厂接发列车

表 4-2-2 正线线路列车脱轨/钢轨断轨救援应急处置

现象	信息中心	调度中心	车辆中心	客运中心	通信中心	维修中心
正线线路列车脱轨/钢轨断轨	1.接事件的总体情况汇总。 2.根据事件影响情况和信息发布责任单位及负责人。 3.信息编辑、审核，视现场实际情况，反时发布对外信息。 4.跟进事件救援情况，及时发布相关信息。 5.组织协调公交接驳运送乘客等相关工作	1.接报电客车司机正线列车脱轨或钢轨断轨信息后，通知相关人员组织组织现场抢修。 2.做好信息通报和信息发布工作。 3.行车调度扣停后续开往在该区域列车，调整行车组织。 4.行车调度根据事件情况封锁线路、故障区域，组织抢修。 5.行车调度根据现场指挥视情况组织开行工程车，接触网停送电，挂地线等工作配合抢修。 6.接抢修完毕报告后，行车调度具备行车条件后，行车调度组织营，并根据相关要求组织限速要求组织限速运行	1.电客车司机立即紧急停车，汇报列车脱轨断轨信息，列车广播通知，值班站长做好前期现场指挥工作，同时做好抢修的前期准备工作。 2.司机听从行车调度指挥，在区间组织乘客疏散程序。 3.厂调度接报信息后，通报通知工程车司机做好启动车救援准备，配合维修中心进行道岔的装载。 4.按行车调度的指令将工程车出厂配合抢修。 5.抢修完毕后向行车调度汇报情况，按行车调度的指令驾驶工程车回厂	1.车站接到列车脱轨/线路断轨信息后，值班站长做好前期现场指挥工作，立即现场指挥的前期准备的工作。 2.专业人员到达现场后，按照行车调度命令，组织相关专业人员请求对断轨区域进行检查。 3.根据现场情况，播放延误广播，以及车站客运组织工作。 4.现场指挥部成立后，配合开展抢修工作，把控专业部门人员进出	1.通知信号值班人员即赴往现场进行设备检查确认，根据抢修设备确认情况，组织抢修队伍准备好抢修工器具、材料及抢修用车赴现场处置。 2.抢修人员到现场后，确认信号旁设备生产情况，并反馈至信号中心生产调度。 3.如列车脱轨导致信号损坏/钢轨断轨涉及信号区域，现场情况后立即组织更换道岔装置，更换后，与维修中心共同调整设备状态。 4.断轨现象下需要钢轨更换前由信号抢修人员负责拆除安装在信号上的信号设备，待维修人员完成信号设备专业技术安装及调试设备。 5.抢修正常，汇报生产调度及行车调度。 6.运营结束后，抢修人员再次确认设备状态	1.维修调度接到信息后，立即通知就近驻地值班员进行现场抢险，并通知值班员抢险队人员及申请抢修用器具、材料及申请进入轨行区。 2.抢修队人员进入轨行区后，判断发生脱轨对线路的影响，对线路断轨情况进行全面检查，并根据脱轨断轨情况，开展应急处置或临时处理。 3.脱轨情况更换相关设备，配合信号专业调整道岔装置；断轨紧急处理：现场判断不满足行车安全条件，立即申请中断行车进行紧急处理。 4.需要信号抢修完成后，供电抢修分别完成安装在钢轨上的信号设备，供电设备。 5.换轨完成后负责抢修钢轨设备，供电抢修机回流线。 6.经现场处置负责人确认设备正常，备品备件全部撤离轨行区后，工器具汇报处理及处理情况，向上级汇报现场实际情况，同时根据处置要求出限速要求

第三节 舒适出行的保障者

担当是指承担、担负任务和责任,担当者就是能够担负责任的人。在城市轨道交通系统中,信号工的担当就是保证列车安全、高效运行。

一、保障乘客安全

(一)保障列车有序运行

地铁运行系统主要是通过信号系统的"管理"和"服务"来保障行车间隔和行车密度的。在正常情况下,运行中的前车和后车不会靠得特别近,而是有一个"列车安全距离"的概念,那就是闭塞。闭塞是通过信号技术进行实时双向数据通信或凭证,以保证前行列车和追踪列车之间保持一定距离的技术方法。

目前国内很多高速铁路、地铁在正常运行情况下,均采用了信号移动闭塞,这也是目前最能缩短行车间隔和较为成熟的"高智能"技术方法。它能根据前后列车的速度、运行方向、位置、制动能力、坡度弯度等数据计算出安全距离,如图4-3-1所示。

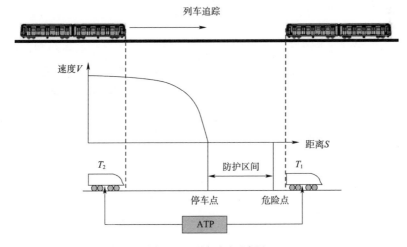

图4-3-1 列车追踪示意图

图中防护区间即为"安全距离",保证前后两辆列车之间具有明确的空间间隔。这种状态下,列车和地面是通过协议进行安全型通信,双向交换数据的。列车会反馈给地面设备当前列车运行方向、运行速度、列车位置等,与此同时,地面设备也会给列车提供限制信息,如限制列车运行的最高速度、需要在哪里停车等信息。最重要的是,列车和地面之间的安全型通信交换要求是连续不断的,若通信中断5s以上,列车就必须实施紧急制动。

下面是列车在运行过程中,可能会造成紧急制动的原因:

(1)列车本身设备故障;

(2)列车位置完全丢失;

(3)前方停车站站台门打开;

(4)超速、有移动授权等情况下的列车非正常运行;

(5)列车收不到地面道岔、信号机等相关信息。

时间:某日 10 时 37 分

地点:A—B 站下行区间

故障概况:A—B 站下行区间运行时发生紧急制动,列车收不到速度码

影响:未影响行车

技能要求:能对车载信号设备整套系统进行静态测试,能判断处理车地通信故障

某次某车在 A—B 站下行区间运行时发生紧急制动,收不到速度码。

行车调度员通过专用电台马上联系当事司机了解情况,列车上的信号运行设备有 2 套,A 套设备异常,B 套马上接入工作;司机将现场情况反馈给行车调度员后,行车调度员根据实际情况判断紧急制动的等级是否会影响到列车安全运行,同时将列车紧急制动信息通报给信号专业调度;信号值班人员接报调度故障信息后,马上根据地铁专业故障应急抢险流程进行处置,通过查看专业监控系统综合运维(图 4-3-2)判断确认该车设备状态情况,联系信号专业调度申请进入该车进行故障排除。信号人员通过车站工作人员、行车调度员、专业调度员,随同列车司机进入该车上检查设备。信号值班人员查看设备板块灯位,下载数据进行分析;通过分析发现,该车在两个区域控制器的交界处发生的列车数据与地面双向数据通信更新超时,列车启动保护程序实施紧急制动,速度码变为 0。

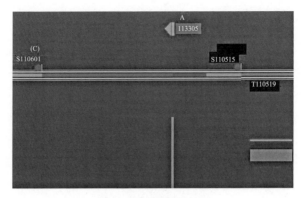

图 4-3-2　数据回放查看

故障原因为：当列车在区域控制器交界处发生列车与地面双向数据通信更新超时时，列车启动保护程序实施紧急制动。

（二）保障列车自动折返

地铁列车两边都是车头，两端列车都有司机驾驶室，具备双向运行的能力，如图 4-3-3 所示。

司机驾驶列车安全到达终点站后(或者在中间站需要运行到另一边站台)，采用列车行驶至折返线，司机更换驾驶室的方式

图 4-3-3　列车双向运行

称为"掉头"，专业术语称为"折返"；地铁列车折返主要分为站前折返和站后折返。

站前折返示意图如图 4-3-4～图 4-3-8 所示。

图 4-3-4 所示为列车到站后停稳，司机更换驾驶室。

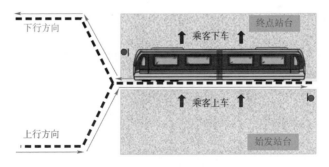

图 4-3-4　站前折返示意图 1

图4-3-5所示为司机完成更换驾驶室后，运行到下行方向。

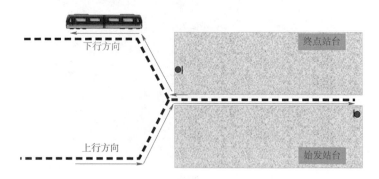

图4-3-5　站前折返示意图2

图4-3-6所示为乘客下车。

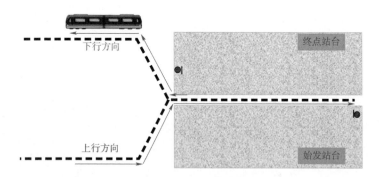

图4-3-6　站前折返示意图3

图4-3-7所示为列车折返回去，准备接乘客。

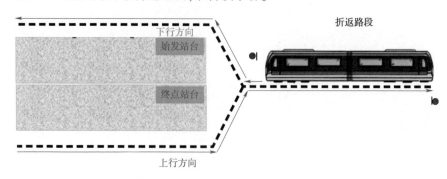

图4-3-7　站前折返示意图4

图4-3-8所示为乘客上车。

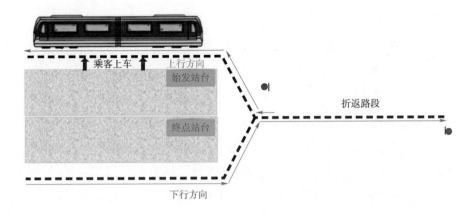

图4-3-8　站前折返示意图5

站后折返又是怎样的呢？列车到终点站后停稳开门,司机广播通知乘客到达目的地,车站人员上列车进行现场清客,接车司机从后端驾驶室进入,到达驾驶室关门后,下车启动自动折返功能,列车折返后司机换端运行。

那么列车又是如何进入折返路段的呢？

这里就需要提到一个名词"道岔"（图4-3-9）,道岔是铁路/地铁线路上使列车由一条线路驶向另一条线路的设备。普通道岔开通直线还是开通侧线（拐弯）主要由尖轨决定。

简单地说,道岔转换系统的功能就是转换、锁闭、监督三大基本功能。

对应道岔功能主要由动力机构、转换

图4-3-9　道岔与装置

锁闭机构、表示锁闭机构组成。转换锁闭装置的作用是转换并锁闭动作杆在定位或反位位置,同时依靠锁闭装置直接将基本轨与尖轨密贴,将斥离轨锁于固定位置。这种直接锁闭方式可靠性强,列车在拐弯的过程中对转辙机冲击较小,可以保证列车在过程中不会脱轨,专业名词称为"挤岔",可起到保护乘客的生命和财产安全的作用。

道岔在铁路信号系统中属于关键设备,维护、故障应急抢险工作由信号专业人员来完成。道岔的安全检查和维护工作是一个系统性的工程，主要体现有：

（1）计划性的检修，如道岔半月检、月检、季检、年检，对应的检修内容和标准会根据道岔的参数确定；

（2）定期组织信号专业人员进行突发故障应急演练，以提高信号人员在发生故障后迅速进行抢险和处理的能力；

（3）通过监控手段对道岔的状态和性能进行实时监督和管理；

（4）每天在运营前进行道岔实验，确保道岔状态良好；

（5）每天运营前安排1列列车进行"压轨"，确保线上设备良好等。

二、保障乘坐舒适

(一) 保障列车起停平稳

信号车载 ATC 计算机负责在地铁列车运行过程中保证列车运营安全。信号设备通过与车辆设备配合，可实现列车停车点监督、超速防护、车门控制、后退防护等功能。上述功能的实现靠信号设备作为"大脑"控制列车，而车辆设备作为执行者。如车辆设备要按照信号设备输出的指令执行，保障列车正确地在某站停稳或发车。车载信号 ATC 计算机为实现安全运行功能，在任何时候都需要知道列车的实时速度、位置和运行方向。车载信号编码里程计与车辆轮对通过插销进行刚性连接，跟随车轮运动方向和速度同步转动，车载 ATC 计算机采集两个编码里程计转动的圈数信息与系统内保存的轮对直径数据并进行连续计算，当测速电机安装错误或出现故障时，将导致车载 ATC 计算机安全功能错误，直接影响列车正常运行。因此，编码里程计及车载 ATC 计算机的维护工作必须认真、仔细，信号工就是这些设备的"家庭医生"，负责设备的检修维护及故障处理，确保车载信号设备正常，保障列车平稳运行。

车载 ATC 计算机由14块电子板卡组成，安装于列车内的设备柜中，各版卡单元执行相关功能运算和接口。信号工需要定时对计算机进行除尘、散热、板卡清洁以及线缆紧固等（图4-3-10），同时还要下载板卡数据来分析列车的运行状态，发现异常应及时整治，确保设备正常。

第四章　城市轨道交通信号工的职业价值

图 4-3-10　信号工在检修设备

编码里程计安装于列车轮对外侧，信号工需要定时对它进行除尘除锈，紧固设备，检查设备连接电缆有无断裂破损。发现异常应及时整改，确保编码里程计正常工作。

(二) 保障向导服务及时

根据列车运行时刻表设定的信息和列车交通状况，通过乘客信息系统向乘客提供自动、实时、可视或广播告示，如图 4-3-11 所示。

如何辨识地铁列车的运行方向或者确定终点站在哪里呢？

第一种：站台上的电视里面会有下一趟列车的终点站、即将到站的列车倒计时、后续第二、三趟列车预计到站时间提示等信息。

图 4-3-11　乘客服务向导

第二种：列车即将到站停稳时，站台会有"2 站台, 1 站台, 运行方向列车即将进站"的广播提醒。

第三种：进入车厢后了解列车的终点站信息，包括：①听列车的下一站及终点站广播；②通过车门上方的电子动态地图显示，查看列车的终点站显示方向；③车厢中每排座椅上方/左边/右边的电视屏中有本列车下一站及终点站提示。

(三)保障进站方便快捷

除了传统售票机外,一些城市轨道交通公司增加二维码、App(应用程序)、刷脸、NFC(Near Field Commumication,近场通信技术)等进站方式,城市轨道交通信号工也要对这些设备进行维护维修以及巡检,保障乘客方便乘车。

三、保障停车精准

(一)保障列车安全距离范围

列车运行过程中尽可能保持两车之间的安全距离,列车根据实际运行速度、制动曲线和进路上列车的位置,动态计算相邻列车之间的安全距离。根据当前的运行速度,后续列车可以安全地接近前一列车尾部最后一次被证实的位置,直至两者之间的距离不小于安全制动距离。图4-3-12 所示为速度监控曲线。

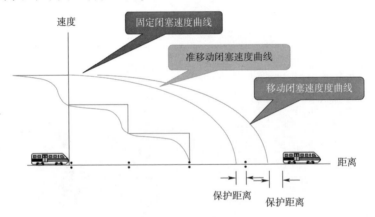

图4-3-12 速度监控曲线

时间:某日 22 时 05 分

地点:某地铁站

故障概况:轨旁 ATP 系统故障

影响:停运 5 列,到晚 16 列,通过 3 列,加开临客 2 列

技能要求:能使用微机监测设备或监控终端对信号设备故障存盘、回放和分析

该地铁站信号值班人员小刘接到该车站综控室值班员报现场操作员站(LOW)机故障,小刘随即到综控室察看 LOW 机上显示情况,发现 A—B 站上下行

列车降级。小刘立即返回信号机械室检查设备,察看轨旁 ATP 系统控制板灯位、A 通道及 B 通道通信板灯位都显示正常,也检查了网线连接牢固,2 乘 2 取 2 计算机联锁灯位显示正常。小刘从故障现象初步判断为轨旁 ATP 系统故障导致,立即返回综控室,请车站值班员进行重启令解 TGMT(地铁信号系统的一种操作系统)操作。综控室值班员接调度员命令控制权下放后,操作 LOW 机进行重启令解及重启令解 TGMT 操作。联合站联锁区各次列车逐步升级,LOW 机显示正常,故障消记。

影响停运 5 列,到晚 16 列(均 2min 以上,其中 5min 以上 7 列),通过 3 列,加开临客 2 列。

(二)保障列车超速防护有效

超速防护是指确保列车运行速度不超过规定的目标速度的措施。在列车速度自动控制系统中,车载超速防护控制器接收从地面传来的目标速度信息,并从轮轴测速传感器测得列车运行速度,在对车轮磨损、空转、打滑的校正处理后,得到精确的列车实际速度。

时间:某日 12 时 02 分

地点:某车辆基地

故障概况:以 AM 模式驾驶时,牵引及惰行正常,但需采取制动时,无制动效果

影响:晚点列车 14 列,通过列车 1 列,加开临时列车 2 列,调整列车时刻表 8 个

技能要求:能根据故障诊断、告警信息及表示灯的异常显示判断处理故障,能对零部件进行电气测试

某地铁公司某车从某车辆基地发车出车库后,按照 AM-CTC 模式(一种自动驾驶模式)沿 x 号线上行方向正常运行,并且以 AM-CTC 模式开进车站过程中突然失去制动力(在地铁里如果列车是以自动驾驶模式运行,且准备进站时会自动把车速降下来),司机紧急手动拉手柄至紧急位,但此时列车已越过停车标(地铁车站运行方向一端设置有停车标,人工驾驶列车时用来提醒司机,停车时不允许越过停车标,不然车门与站台屏蔽不对齐,会影响乘客上下车)。此故障发生期间,车载设备

无故障告警,HMI 显示均无异常。司机及时向行车调度员汇报,且得到同意切除 ATP 设备(转为人工驾驶模式)退行至站台清客。K 车下线(离开运营线路)返回 R 车辆基地后,车载信号人员上车对 K 车上信号设备进行检查并对数据进行分析,发现在库内静态查看列车灯显正常,数据中无故障记录。

随后 K 车前往试车线试车。该故障重新出现:以 AM 模式驾驶时,牵引及惰行正常。但需采取制动时,无制动效果。此时,列车 ATP 无故障告警,HMI 显示均无异常。

查 ATO 制动控制相关电路,发现控制箱内部元器件(WAGO 片 X1-122,图 4-3-13)指示灯在 ATO 制动状态时不亮,判断为该元器件故障。更换故障硬件设备后,再次试车故障消失。

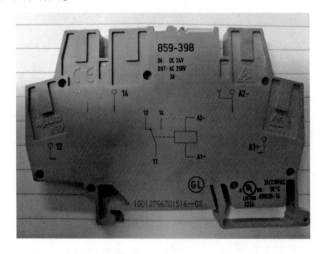

图 4-3-13　WAGO 片

随后车载信号员对换下的 WAGO 片进行测试,发现其无法按照正常逻辑关系导通电路。列车换下的 WAGO 片,在 A1、A2 获得标准电压的状态下,指示灯不亮,且 11 触点与 14 触点无法导通。

综合上述现象,故障原因为车载机柜控制箱内部元器件(WAGO 片 X1-122)突然失效,导致列车在 ATO 模式下无法将制动命令输出给列车,致使列车失去制动力。

该故障造成列车切除 ATP(转换成人工驾驶模式)退回站内清客,晚点列车 14

列(均 2min 以上,其中 5min 以上 4 列),通过(不停站)列车 1 列,加开临时列车 2 列,调整列车时刻表 8 个。

(三)保障列车位置检测正确

在轨道交通运输中,列车位置检测设备是信号系统的重要组成部分,它为城市轨道交通列车运行提供基础条件,同时也是保障行车安全的关键设备,是列车高密度行车的重要基础设备,同时也为列车精准停车提供保障。

时间:某日 22 时 05 分

地点:某地铁站

故障概况:司机误操作引起列车紧急制动

影响:本次故障未影响行车

技能要求:能判断处理车地通信故障,能进行车载信号设备质量鉴定和评估

某地铁公司信号维护人小张接生产调度电话通知:251 车 TC2 端在某站区间红手掌紧制转 RM 对话框。小张通知正线值守人员上车查看设备状态,通知中心工班查看报警及回放信息。251 车回 B 车场 L6B 线停稳后,小张办理好相关作业令后上车检查 251 车,发现设备运行状态正常,并调取数据,数据显示为:POP CTC 无线丢失。小张随后回复维修调度故障跟踪情况。

小张回工班后,把下载数据回放及数据报文分析列车 251 车 TC2 端(头端)在该站发生紧制红手掌转 RM 对话框。CDV 软件分析显示:POP CTC 未定义 MAL (无移动授权)。当前速度:19.30km/h,推荐速度:20.95km/h,紧制速度:52.27km/h,驾驶模式为 AM-CTC 模式。经坐标计算得出:YDK19+0935.59 处(此坐标为 A 站台中部位置)。

经数据分析结果:251 车 TC2 端(头端)在 A 站台中部发生紧制(紧急制动)转 RM 对话框的原因为车地无线丢失。

经数据分析,造成晚点 4min16s 时间的原因:251 车 TC2 端弹出 RM 对话框,间隔 2min12s(此时司机已晚按下确认按钮)司机才按下确认按钮,18 时 28 分(发生紧制故障)至 18 时 32 分(故障恢复)造成 251 车晚点 4min,其中司机晚 2min12s 才按下确认按钮,司机加强列车监控,及时向行调申请降级)。已向乘务专业相互

联系沟通,如何快速确认无线丢失故障,如何快速处理和恢复列车正常运行。

该故障影响:①加深了员工对此类故障的熟悉程度,以后再次出现同类故障将更快地处理和分析。②加强了信号车间与其他车间的沟通联系,以后再次出现同类故障希望通过提升司机的操作熟练度,以此节约故障处理时间。③加强了正线信号工班和车场信号工班之间员工的沟通,对同类故障发生后的追踪处理起到积极作业。

第五章 城市轨道交通信号工的职业展望

第一节 城市轨道交通信号工的职业发展

建设交通强国是以习近平同志为核心的党中央立足国情、着眼全局、面向未来作出的重大战略决策,是建设现代化经济体系的先行领域,是全面建成社会主义现代化强国的重要支撑,是新时代做好交通工作的总抓手。《交通强国建设纲要》(以下简称《纲要》)作为建设交通强国的顶层设计和系统谋划,掀开了新时代交通运输工作的新篇章。

一、交通强国的使命

新中国成立 70 年来,交通运输经历了从"瓶颈制约"到"初步缓解",再到"基本适应"的发展历程,取得了历史性成就。新的时代背景下,交通运输行业的发展越来越需要由追求速度规模向更加注重质量效益转变、由各种交通方式相对独立发展向更加注重一体化融合发展转变、由依靠传统要素驱动向更加注重创新驱动转变,从总体上构建起安全、便捷、高效、绿色、经济的现代化综合交通体系,打造一流设施、一流技术、一流管理、一流服务,建成人民满意、保障有力、世界前列的交通强国。《纲要》确定了九大重大任务:

一是基础设施布局完善、立体互联。提出建设现代化高质量综合立体交通网络,构建便捷顺畅的城市(群)交通网,形成广覆盖的农村交通基础设施网,构筑多层级、一体化的综合交通枢纽体系。

二是交通装备先进适用、完备可控。提出加强新型载运工具研发和特种装备研发,推进装备技术升级。

三是运输服务便捷舒适、经济高效。提出推进出行服务快速化、便捷化,打造绿色高效的现代物流系统,加速新业态、新模式发展。

四是科技创新富有活力、智慧引领。提出强化前沿关键科技研发,大力发展智慧交通,推动新技术与交通行业深度融合,完善科技创新机制。

五是安全保障完善可靠、反应快速。强调提升本质安全水平,推进精品建造和精细管理,完善交通安全生产体系,强化交通应急救援能力。

六是绿色发展节约集约、低碳环保。强调促进资源节约集约利用,强化节能减排和污染防治,强化交通生态环境保护修复。

七是开放合作面向全球、互利共赢。提出构建互联互通、面向全球的交通网络,加大对外开放力度,深化交通国际合作,积极推动全球交通治理体系建设与变革。

八是人才队伍精良专业、创新奉献。提出培育高水平交通科技人才,打造素质优良的交通劳动者大军,建设高素质专业化交通干部队伍。

九是完善治理体系,提升治理能力。强调深化行业改革,优化营商环境,健全市场治理规则,健全公共决策机制等。

交通相关行业企业,特别是城市轨道交通相关单位,为更好地立足于全面建设交通强国大环境中,必定需要数量可观的人才来完成企业技术与理念的提升和革新。目前,我国城市轨道交通技术人才培养大量依托职业院校对学生在校期间、实践期间的专业化教育。在行业人才培养的目标中加入《纲要》相关元素,适时地开展结合交通强国知识的训练,可以在培养交通运输知识技能的过程中,为相关专业提供本专业相关职业发展动向,解决从业者自身的发展需求。

然而,交通领域传统的建设方式与人才供给已经不能完全解决国家高速发展所需要的智能、机动、现代化问题,尤其是针对"全国123出行交通圈""全球123快货物流圈""智能、平安、绿色、共享"等目标。国家政策的出台无疑是交通行业的相关职业发展的改革号召,而要实现国家中长期交通规划、现代化职业院校建设与区域发展等目标,职业化人才培养成为日益引人关注的关键环节。

另外,随着新产业体系构建的逐步推进,新一代通信、大数据、云计算、人工智能等理论与技术已成为智能交通及相关学科的发展趋势。从业人员能否具备交通领域新知识与新能力,将成为响应行业发展的重要因素。

二、职业发展的目标

(一)《纲要》明确提出的建设任务

《纲要》明确提出的"人才队伍精良专业、创新奉献"建设任务如下。

(1)培育高水平交通科技人才。坚持高精尖缺导向,培养一批具有国际水平的战略科技人才、科技领军人才、青年科技人才和创新团队,培养交通一线创新人才,支持各领域各学科人才进入交通相关产业行业。推进交通高端智库建设,完善专家工作体系。

(2)打造素质优良的交通劳动者大军。弘扬劳模精神和工匠精神,造就一支素质优良的知识型、技能型、创新型劳动者大军。大力培养支撑中国制造、中国创造的交通技术技能人才队伍,构建适应交通发展需要的现代职业教育体系。

(3)建设高素质专业化交通干部队伍。落实建设高素质专业化干部队伍要求,打造一支忠诚干净担当的高素质干部队伍。注重专业能力培养,增强干部队伍适应现代综合交通运输发展要求的能力。加强优秀年轻干部队伍建设,加强国际交通组织人才培养。

(二)城市轨道交通信号工的职业发展目标

(1)职业院校毕业生作为城市轨道交通信号工队伍的中流砥柱,也是业内重要的科技人才。随着新技术不断地被应用到铁路信号系统,提高技术理论水平、开拓交叉学科认知,坚持以科技创新为引领是信号工职业发展的核心目标。

(2)城市轨道交通信号工种为轨道交通运营一线的技术人才,要求能熟练地应用专业技术开始生产组织活动。因此,技能培养是对其职业发展起到关键作用的要素;而技能培养的目标是塑造知识型、技能型、创新型的城市轨道交通信号工。

(3)高素质专业化的干部培养也是城市轨道交通信号工的职业发展的一大目标。随着城市轨道交通的建设和运营的铺开,良好的信号部门离不开高效的领导组织和管理。城市轨道交通信号系统对于线路运行具有重大的安全意义,并与其他系统有着十分紧密的联系。因此,信号工种的发展不止限于传统意义上的"信号控制",更体现在信息、通信、计算的相互交织;科学的顶层规划要求干部具有专业化的技能与管理水平。

三、职业发展的方针

(一)巩固生产安全意识

城市轨道交通信号领域最看重的就是安全,巩固生产安全意识是信号工职业发展的根本路线,也是"生命线""红线"。信号从业人员,无论其具体岗位和分工,都必须把"生产安全"放在第一位。随着我国城市轨道交通行业的快速发展,生产安全标准体系也越来越完备和统一,但任何时候都不能松懈,应当将安全知识教育、安全应急演练常态化。同时,企业和相关院校也应当不断地丰富安全培训方法、方案,将单一的、陈旧的培养模式改进为多元的、创新的培养模式。

(二)夯实专业技能基础

专业化的职业技能和素质是城市轨道交通信号工种区别于其他工种的根本特征,而夯实专业技能基础是其职业发展的基本需求。城市轨道交通的信号系统较为复杂,在不同线路上采用的具体制式均有所不同。但是,"万变不离其宗",城市轨道交通信号系统在大的框架上往往具有一致性,例如联锁和闭塞的概念、安全冗余结构等;因此,信号基础的教学是专业培养的重要一环。此外,对专业技能更深入的理解和掌握也离不开大量的实践。

(三)把握新兴技术动向

当今世界的科技发展日新月异,城市轨道交通信号系统相关的技术创新也得到了进一步发展。特别是半导体技术的不断成熟和进步,带动了大数据、云计算、5G(第五代移动通信技术)等领域的进步;列车自主运行、智能调度等新动向逐步为列车超速防护、分散自律赋予更新的含义。相比于传统的城市轨道交通信号系统,新兴技术的出现要求城市轨道交通信号工与时俱进,能把握新兴技术动向、技术创新的方法。换言之,现代城市轨道交通信号系统也是"信息与通信技术"的一大代表,因此,掌握一定的《信号与系统》《通信原理》《自动控制原理》等课程知识并具备专业发展眼光对于城市轨道交通信号工职业发展也是必要的。

(四)建立综合交通理念

交通强国的本质是建设陆、海、空一体化的综合立体交通网络。城市轨道交通作为铁道的一部分,不仅具备"铁路先行"的战略意义,也是我国综合立体交通网络的重要组成,从来不是孤立的分支。在城市轨道交通信号工的职业发展中,不只是要具备良好的专业技能和技术水平,还应该建立起综合立体交通网络的系统化的理念,将认识格局扩大到城市轨道交通线路间的互联互通以及综合路网内的协同。

(五)开拓国际视野格局

放眼全球,交通领域的基础设施建设和技术创新正在成为国家之间综合实力较量的重点领域,而城市轨道交通信号技术又是其中的重中之重。在日本,铁道综合技术研究所制定的"未来铁道创新研发计划"Research 2025 中,提出了包括城市轨道交通在内的"列车运行的自律化"方案。在欧洲,"下一代铁路联合行动"(Shift2Rail)被提出,城市轨道交通领域的"5G+信号"的系统部署计划(Future Rail Mobile Communication System,FRMCS)正在开展。同时,在"一带一路"等全球化合作的浪潮下,我国在轨道交通领域展开对外开展国际合作也是大势所向。因此,城市轨道交通信号工的职业发展离不了对世界交通战略展望和思考,放在大环境下助力国家战略。

四、信号工职级体系的建设发展

在行业发展多元化的新形势下,城市轨道交通运营企业对职工的需求已经不再是单一技术型或管理型人才,而是具有较强的资源整合能力的综合性人才。城市轨道交通信号工从业人员不仅要建立纵向晋升通道,还要创造科学的、完善的横向发展可能,从而形成网状晋升通道,为岗位晋升为不同层次的人才发展做好制度支持。

城市轨道交通信号工职级体系建设需要含管理通道和专业通道,建立职级发展"双通道"体系,基于城市轨道交通信号工人才发展战略及业务发展需要,设计岗位与职级通道,聚焦价值创造,基于价值链构建专业人才发展通道,打通信号工横向流动、纵向晋升的发展通道,城市轨道交通信号工可以根据自身的优势和潜力,发展成为管理人才以及专业领域的专家。城市轨道交通信号工双通道职级发展体系建设如图 5-1-1 所示。

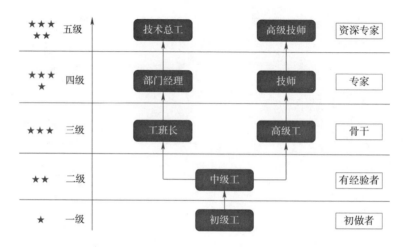

图 5-1-1　城市轨道交通信号工双通道职级发展体系

第二节　城市轨道交通信号技术的未来

伴随着国内诸多城市开设城市轨道交通项目,在 2020—2023 年,我国预计在 40 个城市新增 50 条地铁线路。作为先进的交通工具,城市轨道交通拥有巨大的发展前景。

一、列车控制更精确

(一)CBTC 互联互通

随着通信、计算机、自动控制、信息、可靠性等技术和理论的发展,地铁运行将越来越安全和高效,也可更为精确地控制列车。

轨道交通的互联互通指列车可以在一条以上的线路上安全运营,并且要求相对应的车辆、信号、通信、供电、线路和运营等方面能够一致,实现一条线到另一条线的无缝过渡。图 5-2-1 为互联互通标准体系结构。

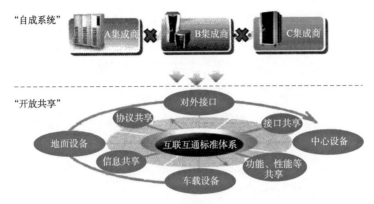

图 5-2-1　互联互通标准体系结构

CBTC 互联互通问题的提出是由于城市轨道交通由单线建设、运营向多线网络化运营的转变,其中出现了不少问题:

(1)无法实现资源共享。每条线路的车辆只能在自己的线路上行驶,空闲线路的资源难以调度到繁忙线路上利用。

(2)信号设备制式和实现方式过多,不利于产业发展。设备供货商数目繁多,目前的信号设备供货商历经几十年的发展,已经由以前的欧美厂商主导发展为中国、欧洲、美国、日本厂商共同竞争的局面,各种信号设备虽然原理相似,但实现细节还是有一些差异,导致结合比较困难。

(3)乘客便利程度低。换乘次数多,乘坐时间长,舒适度较低。

现在城市的快速发展,规模扩大,需要以便利、快捷的交通为前提和保证,而网络化运营的列车是提高城市轨道交通效率的必要手段。通过不同线路之间的跨线运营,实现互联互通,可以实现各个城区之间的联系、满足乘客快速直达目的地的需要、降低投资和运营成本,实现资源共享。

(二)全自动驾驶

城市轨道交通的迅猛发展,同时带动着车辆、信号、通信及综合监控系统等领域及系统集成技术的快速发展。通信、控制和网络技术带来的技术先进性、城市轨道交通运营效率和自动化水平的提高、人力资源配置的优化、系统安全性可靠性的提高等效果逐渐显现出来,世界越来越多的轨道交通线路开始采用全自动驾驶系统。

全自动驾驶系统分为有人值守的列车自动运行(Driveless Train Operation,

DTO)和无人值守的列车自动运行(Unmanned Train Operation,UTO),2种模式均可实现正常运行情况下的列车自动驾驶,但区别在于每列列车上是否有人员值守,以及部分紧急情况由值守人员进行操作,而不是系统负责实现。目前国内建设的全自动驾驶线路是按照UTO模式建设的。轨道交通自动化等级共分为5个等级(图5-2-2、图5-2-3),分别是GoA 0、GoA 1、GoA 2、GoA 3、GoA 4,UTO对应GoA 4等级。在UTO下,列车的唤醒起动、加速、巡航、惰行、制动、精确停车、自动开关门、自动折返、自动洗车、清扫、休眠、出入库、投入/退出运营及对位调整等功能均可在相关系统的指令配合下自动控制。

自动化等级	驾驶模式	列车运行控制	停站	关门	起动列车	故障应对	运营计划	运营调整	路网协同	车站管理	车场管理	维护管理
GoA1	ATPM	人工	人工	人工	人工	司机	基于历史数据	人工	人工	人工	人工	人工
GoA2	ATO	自动	自动	人工/自动	人工	司机	基于历史数据	人工	人工	人工	人工	人工
GoA3	DTO	自动	自动	自动	自动	列车值乘人员	基于历史数据	人工	人工	人工	人工	人工
GoA4	UTO	自动	自动	自动	自动	基于历史数据	人工	人工	人工/半自动	人工/半自动	人工/半自动

图5-2-2 驾驶系统等级

	人工驾驶		GoA 0
	SCO-司机监控列车运行	·司机人工控制列车 ·驾驶室提示显示 ·连续速度监督	GoA 1
	STO-半自动列车运行	·列车站间自动运行 ·自动停车及开门 ·ATO辅助司机驾驶列车	GoA 2
	DTO-无司机驾驶	·无须列车司机 ·列车全自动运行控制 ·仅特殊情况需人员介入	全自动运行 GoA 3
	UTO-无人值守列车运行	·无须列车司机或其他相关人员 ·列车全自动运行控制	GoA 4

图5-2-3 驾驶系统分级

GoA 0级:目视运行,主要是路面电车、轻轨使用。

GoA 1级:手动运行,司机负责控制列车的运行及停止、开关车门和处理突发事件。

GoA 2级:半自动运行(STO),列车自动运行及停止,但需要司机开关车门和处理突发事件。大多数的列车自动运行系统均是第二等。

GoA 3 级:无司机运行(DTO),列车自动运行及停止,但需要列车助理开关车门或处理突发事件。

GoA 4 级:无人看守运行(UTO),列车自动运行及停止、开关车门和突发事件的处理均完全自动化,列车上无人员值守。

随着相关配套设施和技术手段的不断完善,全自动驾驶技术(Full Automatic Operation,FAO)在中国城市轨道交通中也将得到更多的应用。目前主要运营及在建的线路有北京首都机场线(2008 年开通,2012 年具备无人驾驶功能)、广州 APM 线(2010 年开通)、上海 10 号线(2010 年开通试运营,2014 年具备有人值守的全自动运行功能)、北京燕房线(2017 年 12 月开通全自动运营)。自 2016 年以来,国内建设 UTO 的项目已有十几个,北京、上海和苏州及南京等城市后续项目将继续采用该方式。

国外已经开通的利用 FAO 技术的线路有:

(1)巴黎地铁 14 号线(图 5-2-4),巴黎的第 1 条 FAO 线路,1998 年开通,近年来多次延伸,西门子公司产品。

图 5-2-4 巴黎地铁 14 号线

(2)巴黎地铁 1 号线(图 5-2-5),世界上首条由人工驾驶改为 FAO 的线路,西门子公司。2011 年第一列自动驾驶列车运营,2013 年实现全自动运营。

(3)德国纽伦堡 RUBIN(纽伦堡地铁自动化实施),改造的 U2 线路(图 5-2-6)

是世界上首例由传统系统升级改造至全自动无人驾驶系统的地铁线路,新建的 U3 是德国首条 FAO 线路,2008/2010 年,西门子公司产品。

图 5-2-5　巴黎地铁 1 号线

图 5-2-6　改造的 U2 线路

国内已经开通的利用 FAO 技术的线路有如下几条。

(1)上海地铁 10 号线。卡斯柯公司的 Urbalis CBTC,2010 年,国内第一条 UTO 等级建设的大运量轨道交通线路,上海轨道交通 10 号线是上海轨道交通网络中的一条重要骨干线,一期由新江湾城站至虹桥火车站,支线在龙溪路站连接航华支线,抵达航中路站,沿途经过新天地、豫园老城厢、南京路、淮海路、四川路、五角场城市副中心等上海中心区域,因此被称为"最黄金线路"。

线路全长 36km,设车站 31 座,设计间隔 85s,运营间隔 100s,设计最高时速 80km/h。

2010 年 4 月 10 日,开通后备模式载客运营。2011 年 7 月 23 日,开通 CBTC 功能并载客运营。2014 年 8 月 9 日,具备 GoA 4 级(UTO)全自动驾驶运营条件,是目前国际上最高自动化等级的列车驾驶模式。

开通全自动驾驶模式运营以来,10 号线平均正点率和兑现率均达到了 99.9%,平均周转时间缩短 600s,平均折返时间缩短 120s,平均旅行速度提升 3km/h,平均出入库时间缩短至 130s,在同等服务质量情况下配车数量减少了 2 列,每公里配员数减少 15 人,实现了列车出入库追踪运行,运营安全性、可靠性及运营效率得到显著提高,运维成本大幅降低。

10 号线采用 Urbalis 888 全自动驾驶列车控制系统,整个运营过程均实现了自动化操作,包括列车的自动唤醒、在停车场内的运行、自动洗车,列车在正线的自动运行,包括发车、停站、开关门以及对列车内部的空调、照明等系统的控制均为自动化操作,无须人为干预。

在 Urbalis 888 全自动驾驶列车控制系统的护航下,上海轨道交通 10 号线(图 5-2-7)成为国内第一条全自动无人驾驶功能的地铁线路。

图 5-2-7　上海地铁 10 号线

(2)北京地铁燕房线。北京地铁燕房线(图 5-2-8)于 2017 年 12 月 30 日主线开通试运营,2019 年 12 月 20 日,北京地铁燕房线实现最高等级全自动运行,列车全过程无须人工操作。燕房线是国内首条采用自主知识产权、全自动运行系统的轨道交通线路。这条线路从自动运行 GoA 3 等级,升级为 GoA 4 最高等级的全自动运行系统,真正实现列车驾驶室无人值守。

燕房线列车还可以按照设定时间从休眠中自动唤醒,完成自检后自动出库,按照时刻表正线运营,完成站间行驶、到站精准停车、自动开闭车门、自动发车离站等一系列运营工作,最终自动回库、自动洗车、自动休眠。

(3)北京大兴国际机场线(图 5-2-9)。2019 年开通,其采用的是该系统的升级版——互联互通的全自动运行系统,时速达到 160km/h,相较于传统地铁,时速提高了整整一倍。北京大兴国际机场线按照互联互通全自动运行系统标准进行建设,实现了两种不同信号系统在同一条线路上的共线运行,有利于共享资源、缓解换乘压力、提升运能和运营服务水平。北京大兴国际机场线也成为国内首条按照互联互通标准建设的全自动运行系统线路,为后续该系统的推广应用做出了重要示范并奠定了坚实的基础,也成为轨道交通信号系统技术发展的方向。

图 5-2-8　北京地铁燕房线　　　　　　图 5-2-9　北京大兴国际机场线

(三) TACS 自主运行系统

传统 CBTC 技术上已经实现了移动闭塞的功能,能够满足当前多数用户基本需求,但随着该系统的不断推广和应用,其缺陷也明显暴露:系统结构复杂,导致系统设计、实现、维护难度大;地面、轨旁设备众多,导致系统建设、改造、运营成本高;子系统间接口繁多,相互紧密依赖,导致系统灵活性、能力受限。随着越来越多的线路进入运营、维护状态,用户对改善以上问题的诉求愈加强烈,对更高可用性、可维护性、运营灵活性、运营效率的追求不断增长,传统 CBTC 难以满足要求。而近年来,交通运输领域的汽车无人驾驶相关技术发展迅猛,轨道交通自动运行控制技术需求和技术特点与其具有大量相似之处,二者应相互借鉴或融合,以提升列车自主感知及运行控制能力,形成"车-车"的信息交互。

传统 CBTC 将线路划分为若干联锁控制(CI)区域、若干区域控制器(ZC),地面配备 CI 设备、轨旁驱动采集(WIO)设备、ZC 设备、调度管理(ATS)设备及线路管理(LMC)设备,各设备相互配合,实现对其区域内及区域间列车的集中式协调处理;列车车载设备通过车地无线通信与 ZC 持续交互,在相邻 ZC 重叠管辖区域完成与不同 ZC 的区域控制切换;轨旁配置列车位置次级检测设备、信号机、多种应答器等。

基于车-车通信的列车自主运行系统(TACS 系统)(图 5-2-10)去除了传统 CBTC 系统中负责区域复杂逻辑处理的 CI 设备、ZC 设备,根据线路及设备特点设置单套或多套逻辑简单的目标控制器(OC)设备;通过无线通信建立列车之间、列车与轨旁设备、列车与调度系统的直接通信通道;系统支持配置或取消轨旁列车位置次级检测设备及信号机。与传统 CBTC 相比,车-车信号系统地面、轨旁设备大幅减少。

第五章 城市轨道交通信号工的职业展望

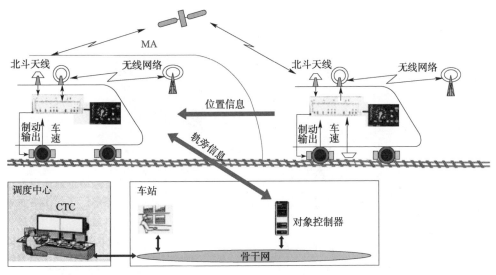

图 5-2-10　车-车信号系统

车-车信号系统将传统 CBTC 的多层区域集中控制转换为列车自主分散控制，列车、轨旁设备、调度系统之间直接通信，改造后的信号系统架构更简洁，减少了地面、轨旁设备，减少了接口，减小了设备限制带来的功能逻辑复杂性，系统具有更好的整体表现和发展基础。

二、运维系统更智慧

2020 年 3 月发布的《中国城市轨道交通智慧城轨发展纲要》铺画一张智慧城市轨道交通发展蓝图，创建智慧乘客服务、智能运输组织、智能能源系统、智能列车运行、智能技术装备、智能基础设施、智能运维安全和智慧网络管理八大体系（图 5-2-11）；建立一个城市轨道交通云与大数据平台；制定一套中国智慧城市轨道交通技术标准体系。统筹规划、顶层设计、自主创新、重点突破、分步实施。

前述的列车控制技术的发展主要体现在"智能列车运行体系"中，另一个与轨道交通信号技术未来紧密联系的则是"智能运维安全体系"，这不是一个单独的技术，而是多场景、多工种融合的运维体系。

卡斯柯公司推出的面向智慧地铁的全自动运行 2.0 系统解决方案是在既有全自动无人驾驶系统成功应用于多个项目的基础上推出的，是卡斯柯多年持续自主

167

研发和各地业主实际运营经验的结晶。

图 5-2-11　中国智慧城轨技术标准体系

这一高度自主化和集成化的系统面向智慧地铁的多重需求,以"乘客出行服务"为核心,在功能安全和信息安全的保障下,从无人驾驶列车、智能调度、智能车场、智能车站、智能运维五个方面,大幅提升了调度中心、车站、场段、列车运行和运维管理的智能化水平。全自动运行 2.0 系统实现了城市轨道交通全过程、全范围的智能化控制,在为乘客提供更安全、更高效、更便捷、更舒适的出行服务的同时,大幅提高了地铁运营和管理的效率,是卡斯柯在自主创新领域的又一力作,在全球范围内亦是首创。图 5-2-12 为智慧运维系统。

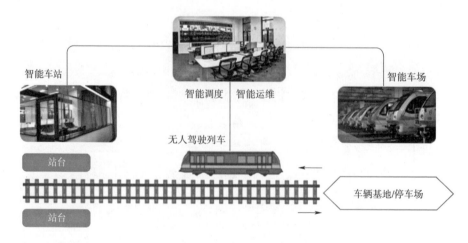

图 5-2-12　智慧运维系统

目前北京地铁维护支持系统已完成线网级框架的初步搭建,涉及的主要功能有设备的实时状态监测,应急中心人员、物料、调配,数据分析和设备状态评估四大核心功能。其中北京地铁1号线等线路具备主要监测功能,如图5-2-13～图5-2-16所示。

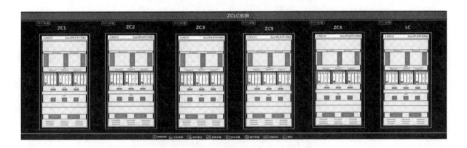

图5-2-13　地面设备智能维护系统

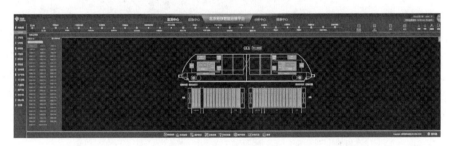

图5-2-14　车载设备智能维护系统

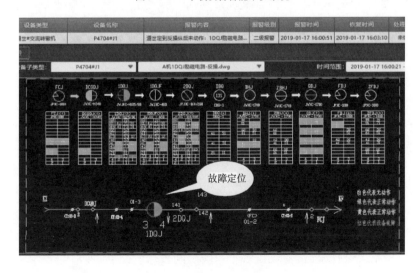

图5-2-15　信号设备的智能故障定位

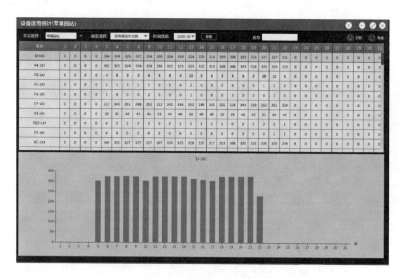

图 5-2-16　信号设备智能维护统计

三、融合共享更高效

《国家中长期科学和技术发展规划纲要(2006—2020年)》指出,"高速轨道交通系统"和"轨道交通智能化系统"是优先主题。轨道交通智能化系统是以电力电气化系统、信号通信系统以及信息系统为基础的综合平台,是现代轨道交通发展的必然趋势。经过多年的发展,我国逐渐形成了以大数据、云计算、物联网技术等为基础的城市轨道交通智能化系统。

城市轨道交通智能化系统包括综合监控系统、乘客资讯系统、综合安防系统、通信系统、自动售检票系统和信号系统。通过采用计算机技术、云计算技术、大数据技术、自动化技术、地理信息技术、信息处理技术、物联网(感知)技术、有线无线通信技术、建筑信息模型技术、集成应用技术等先进技术构建大型集成系统,达到互联互通和数据共享网络融合、信息交互、数据共享、功能协同,可视化管理。

目前,监控中心信号系统的列车运行监督系统已经探索和综合监控系统等信号外部监控系统进行整合,首先是各个系统之间数据的交互,然后是各个系统的融合,比如显示功能就整合为一处显示。

(一)综合监控系统实现高智能运营管理

城市轨道交通综合监控系统是指对城市轨道交通线路中所有电力和机电设备进行监控的分层分布式计算机集成系统,包含了内部的集成子系统,并与其他专业自动化系统互联,实现信息共享,促进城市轨道交通高效率运营。

我国城市轨道交通综合监控系统作为通用数据采集与监视控制系统在城市轨道交通行业中具体应用,综合监控系统用系统化方法将各分散的自动化系统联结为一个有机的整体,实现轨道交通各专业系统之间的信息互通、资源共享,提高各系统的协调配合能力,高效地实现系统间的联动。

综合监控系统提高了轨道交通的整体自动化水平,增强了应对各种突发事件的应变能力,提高了轨道交通的运营管理水平,提高了轨道交通服务质量和服务水平,更好地为广大乘客服务,为建设数字化轨道交通打好基础,有利于改进轨道交通资源管理水平,提高经济效益。

(二)云计算构建新一代综合自动化集成系统

虽然城市轨道交通智能化系统集成应用已经取得了很大的发展,但是各地的发展极不平衡,综合监控系统已实现了自动化系统、火灾报警系统、数据采集与监视控制系统的集成;安防系统实现了视频监控、门禁、报警的集成;乘客资讯系统实现了地面固定系统与车载移动系统的集成。但是综合监控系统、安防系统、乘客资讯系统仍然是互联关系,它们有各自的服务器、工作站、网络,通过接口使有限的信息共享,人为地造成了重复建设大量的服务器、工作站、网络等,部分信息无法共享,从而造成资源浪费。

随着科学技术的进步和计算机集成技术的发展,通过统一平台将多个专业子系统进行集成的设想成为可能。在当前国内城市轨道交通大规模建设时期,采用云计算技术通过综合集成化系统提供的统一软硬平台,将中央调度人员和车站值班人员所关心的监控信息汇集在一起。将计算机集群构成数据中心,并以服务的形式交付给用户,使得云计算能根据工作负载大小动态分配资源。云计算首先综合考虑成本、可用性、可靠性等因素,并利用规模经济降低运行成本,实现系统性能和容量均满足情况下的系统成本最优。在功能强大的集成软件开发平台的支持下，最终用户可通过图形化人机界面，方便有效地监控管理整条线路专业子系统的运作情况，并实现系统之间信息共享和协调互动。

第三节 城市轨道交通信号工职业的未来

现代城市轨道交通正在向网络化、智能化、信息化方向发展，迫切需要新技术强有力的支撑。全自动驾驶、车-车通信、互联互通、信息化发展迅速，城市轨道交通信号工职业也将发生变化与不断发展。

一、需要适应新技术、新设备发展

(一)信号设备智能化更新

在科技不断发展的进程中，城市轨道交通信号系统与科技相结合，逐步实现智能化与科技化。新中国成立70多年来，列车最高行驶速度不断刷新纪录，信号设备也经历了多次换代升级，从电锁器联锁到计算机联锁，从运输调度指挥管理信息系统到CTC分散自律调度集中系统，从人工闭塞到CBTC移动闭塞，实现了从手动化向自动化、人工化向智能化、单一化向多元化的转变。随着信号设备的发展日新月异，作为城市轨道交通信号工，必须适应新技术和新设备发展。

(二)新技术不断应用

城市轨道交通信号技术发展到今天，不断有最新的技术加入进来，进入铁路信息化时代后，人工智能技术、大数据技术、云计算等大大促进了轨道交通信号技术的发展，使用这些技术产生的轨道交通信号设备早已占据了市场主流，并进一步促使更新的技术应用到轨道交通信号领域。

高效性、安全性、可靠性、实时性是城市轨道交通行业面向智能化运维工作的重要衡量指标。新技术大量、快速地应用于城市轨道交通信号领域，对信号工提出了知识储备广、基本功扎实的要求，他们必须要有快速学习、灵活运用新知识的能力。

1. 由传统型维护向智能型维护转化

生产力发展的关键之一是增加职业岗位科技含量，改善劳动组织和生产手段，提高劳动生产率。城市轨道交通的发展,离不开人工智能(Artificial Intelligence,AI)的开发。AI 协助信号工进行故障分析、预测,将会大大提高故障处理速度,且更加便捷、高效。能熟练掌握新技术的信号工,能够适应今后职业岗位更新、工作内容更新需要。

2. 由单一型专业向跨专业、复合型专业转化

新技术的不断融入,对职业岗位的要求和劳动方式逐步由简单向复杂方面转化,过去单一技能就能胜任的工作,现在职业内涵发展扩大了,往往需要多种专业的许多知识技能,更多地需要跨专业的复合型人才。

3. 由经验型向创新型转化

知识经济时代的到来,要求信号工必须不断树立创新意识,在自己的职业岗位上进行创造性劳动。社会发展变化迅速,靠经验进行维护设备的岗位渐渐退出,国家的知识创新工程,将科技成果迅速转化成生产力,劳动效率的迅速提高改变着信号工职业岗位的职业特点,只有创新型人才才能更好地胜任岗位职责。

二、需要适应多学科、多岗位融合

城市轨道交通信号工与地铁运行安全、效率密不可分,地铁的发展,需要信号工自身不断发展与创新,适应未来的挑战。

(一)本专业多岗互通

在传统的信号工行业中,一般都以工班的形式开展工作,掌握的主要是本工班负责的信号设备及对应知识与技巧。如,正线工班,主要负责正线线路上的轨旁信号设备以及与之相关的室内信号设备,如列车占用检查设备、转辙机、信号机、应答器、计轴、室内的电源屏、联锁设备等;车载工班,主要负责列车上的信号设备,如车载 ATP、车载 ATO、速度传感器、无线 AP 等设备;ATS 工班,主要负责中央信号设备。

随着信号设备的智能化更新,现代信号设备都不再是独立工作的个体,而趋向于互联互通,同时,城市轨道交通运营企业对劳动组织、生产管理和工作效率要求越来越高,对信号工的综合能力要求越来越严。所以,城市轨道交通信号工如果只

具备自己工班岗位的知识，必定难以完成高质量的工作。也就是说，正线工班的信号工，不但要能够维护本工班信号设备，而且还要能维护其他工班负责的信号设备，即专业内互通。

(二) 跨专业一岗多能

党的十九大后，加快建设交通强国和推进我国交通运输现代化成为新的战略任务。交通强国建设和交通运输现代化发展将对交通运输的分工格局和发展环境产生巨大而深刻的影响。同时，新一轮以信息科技、人工智能、新能源等为核心的技术革命和产业运行方式变革也在不断推进。在中国城市轨道交通信号系统技术快速发展中，相关企业和行业专家不断探索着未来的技术方向，以便让中国的这一行业能前行在"高速公路"上。

列车的牵引、制动、信号在今天已经同属于计算机网络控制技术领域。将牵引、制动、信号一体化设计后，现场证明控制更精准，乘坐更舒适，列车更节能。"一体化"的技术路线为城市轨道交通信号系统带来了深度的互联互通。城市轨道交通信号系统的互联互通，也使城市轨道交通信号工多专业一体化、一岗多能。

三、需要适应轨道交通走向国际

中国城市轨道交通装备产业的国产化，从 15 年前开始，通过引进消化吸收和自主创新，在整车、信号等多个关键技术领域，从跟跑到并跑到领跑，已经进入完全自主化和高端制造出口升级的国际化发展新阶段。

(一) 服务"走出去"

城市轨道交通"走出去"是"一带一路"基础设施互联互通的重要途径，是实施"制造强国"战略的重要抓手。城市轨道交通是"一带一路"倡议中建设的优先领域，有望成为基础设施联通的先导部分，为共建全球化经济命运共同体创造了良好的基础条件。而且，当前我国正逐步从"制造大国"到"制造强国"转变，城市轨道交通产业"走出去"对提升我国竞争力、影响力具有重要意义。

积极参与海外市场竞争，除了将我们的信号产品销往国外，还要将我们的城市轨道交通信号管理经验销售出去。在我国城市轨道交通的早期运营中，香港地铁就曾经参与过内地地铁的运营工作。如今我们的城市轨道交通运营管理已经非常成熟,拥有了大批人才,所以我们要积极"走出去",把我们的信号工推销到海外从事服务性工作。这既可解决国内城市轨道交通在智慧化后对人力资源需求下降的问题,也把海外的城市轨道交通运营市场掌握在我们手中。

2014年12月2日,由深圳市地铁集团有限公司和中国中铁股份有限公司组成联合体,与埃塞俄比亚铁路公司签订埃塞俄比亚亚的斯亚贝巴轻轨运营维护管理服务合同,如图5-3-1~图5-3-4所示。

图5-3-1　签约仪式

图5-3-2　信号系统现场培训

(二)中国标准"走出去"

"一带一路",道路先行。走在道路前面的,还有"标准"。推进自主研发标准走出去，加强人才培养，支持更多优秀人才参与国际标准化活动。中国城市轨道交通协会在近年来针对城市轨道交通CBTC、城市轨道交通智慧化推出了多项标准，有效地规范了城市轨道交通信号系统的技术标准，使各信号厂商有规可依。我们中国的标准也逐步"走出去"，形成世界标准。

图5-3-3　工程安全与试运营条件评估会议

图5-3-4　亚的斯亚贝巴轻轨开通运营仪式隆重举行

参 考 文 献

[1] 王荻.城市轨道交通规划与城市规划的关系研究[D].上海:同济大学.2007.

[2] 林瑜筠.城市轨道交通信号[M].2版.北京:中国铁道工业出版社.2010.

[3] 赵斯玮.铁路与城市轨道交通信号控制系统比较和展望[J].包装世界.2019(1):246.

[4] 朱茵,陆化普.城市交通信号控制系统现状与发展展望[J].中国交通信息化,2004(10):40-43.

[5] 徐金祥.城市轨道交通信号系统迎接新时代发展的一些思考[J].城市轨道交通研究,2018(5):34-36.

[6] 邓志翔.市域轨道交通信号系统方案选择刍议[J].城市轨道交通研究,2017(5):7-10,24.

[7] 李中浩.浅析城市轨道交通信号系统的发展趋势[J].城市轨道交通研究,2016(10):54.

[8] 熊伟.城市轨道交通信号控制系统研究[J].中国新技术新产品,2017(24):54-55.

[9] 潘亮.市域铁路信号系统制式的选择[J].城市轨道交通研究,2016(22):69-70,73.

[10] 王力.京津冀区域轨道交通信号系统设计关键点及新技术应用研究[J].铁道标准设计,2015(12):94-98.

[11] 郑生全.市郊轨道交通信号系统方案研究[J].现代城市轨道交通,2011(4):89-92.

[12] 钟章队,黄靖茹,李斌,等.智能通号技术在城市轨道交通中的应用[J].都市快轨交通,2019(3):5-12.

[13] 李鑫.云计算技术在城市轨道交通中的应用研究[J].现代国企研究,2017(18):185-186.

［14］严伟健.城市轨道交通疏解工程施工技术要点分析［J］.建筑技术开发,2019(10):120-121.

［15］安卫萍.地铁信号介绍［J］.铁道学报,1982(1):107.

［16］马广文.交通大辞典［M］.上海:上海交通大学出版社,2005.

［17］田麦久,刘大庆.运动训练学［M］.北京:人民体育出版社,2012.

［18］张日昇.咨询心理学［M］.北京:人民教育出版社,2009.

［19］成都地铁运营有限公司.信号检修工［M］.成都:西南交通大学出版社,2017.

［20］涂序跃.铁路信号业务管理［M］.北京:中国铁道出版社,2015.

［21］马子彦.轨道交通运营故事案例分析［M］.北京:北京交通大学出版社,2013.

［22］邢红霞,李乐.城市轨道交通信号［M］.重庆:重庆大学出版社,2016.

［23］刘伯鸿.城市轨道交通车辆段信号技术［M］.成都:西南交通大学出版社,2012.

［24］孙静,康元博.城市轨道交通安全管理［M］.成都:西南交通大学出版社,2018.

本书涉及缩略语

1. 中文拼音首字母缩略语

序号	拼音缩写	中文含义
1	DG	轨道区段
2	DQJ	启动继电器
3	DBQ	断相保护器
4	DBJ	定位表示继电器
5	LKJ	列车运行监控记录装置

2. 英文缩略语

序号	英文缩写	英文全称	中文含义
1	ATC	Automatic Train Control	列车自动控制系统
2	ATP	Automatic Train Protection	列车自动防护
3	ATO	Automatic Train Operation	列车自动运行
4	ATS	Automatic Train Supervision	列车自动监控
5	AP	Access Point	无线接入点/无线天线
6	CTCS	Chinese Train Control System	中国列车控制系统
7	CBTC	Communication Based Train Control System	基于通信的列车自动控制系统
8	CI/CBI	Computer Interlocking/Computer-based Interlocking	计算机联锁
9	DCS	Data Communication Subsystem	数据通信系统
10	DTO	Driveless Train Operation	有人值守的列车自动运行
11	FAO	Fully Automatic Operation	全自动驾驶技术

续上表

序号	英文缩写	英文全称	中文含义
12	HMI	Human Machine Interaction	人机界面
13	LEU	Line Electronic Unit	轨旁电子单元
14	LCW	Local Control Workstation	本地控制工作站
15	LOW	Local Operator Workstation	现场操作员工作站
16	MSS	Maintenance Support System	信号维护支持系统
17	MMI	Man-machine Interface	人机操作界面
18	OCC	Operating Control Center	中央控制中心
19	PIS	Passenger Information System	乘客信息系统
20	RM	Restricted Manual	限制人工驾驶模式
21	SAU	Signaling Access Unit	信令接入单元
22	TOD	Train Operator Display	司机显示器
23	TACS	Train Autonomous Circumambulate System	基于车车通信的列车自主运行系统
24	UPS	Uninterruptible Power Supply	不间断供电电源
25	UTO	Unmanned Train Operation	简称无人值守的列车自动运行
26	ZC	Zone Controller	区域控制器